从黑格尔出发

Starting with Hegel

[美] 克雷格·B. 马塔雷斯 著

陈明瑶 叶卫挺 译

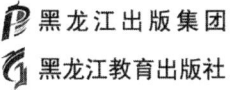

版权登记号：08-2016-097

图书在版编目（CIP）数据

从黑格尔出发 /（美）克雷格·B. 马塔雷斯著；陈明瑶，叶卫挺译 . —— 哈尔滨：黑龙江教育出版社，2017.6
ISBN 978-7-5316-9358-1

Ⅰ. ①从… Ⅱ. ①克… ②陈… ③叶… Ⅲ. ①黑格尔（Hegel, Georg Wehelm 1770-1831）—哲学思想—研究 Ⅳ. ① B516.35

中国版本图书馆 CIP 数据核字（2017）第 161730 号

Starting with Hegel © Craig B. Matarrese, 2009
This translation is published by arrangement with Bloomsbury Publishing Plc
Simplified Chinese edition copyright © 2017 by Heilongjiang Education Publishing House
Simplified Chinese rights arranged through CA-LINK International LLC
ALL RIGHTS RESERVED

从黑格尔出发
CONG HEIGEER CHUFA

作　　者	[美]克雷格·B. 马塔雷斯　著
译　　者	陈明瑶　叶卫挺　译
选题策划	王毅
责任编辑	宋舒白　安畅
装帧设计	Amber Design 琥珀视觉
责任校对	张爱华

出版发行	黑龙江教育出版社（哈尔滨市南岗区花园街 158 号）
印　　刷	北京鹏润伟业印刷有限公司
新浪微博	http://www.weibo.com/longjiaoshe
公众微信	heilongjiangjiaoyu
天 猫 店	https://hljjycbsts.tmall.com
E-mail	heilongjiangjiaoyu@126.com
电　　话	010-64187564

开　　本	880×1230　1/32
印　　张	7.25
字　　数	145 千
版　　次	2017年8月第1版　2017年8月第1次印刷
书　　号	ISBN 978-7-5316-9358-1
定　　价	36.00 元

第一章　走近黑格尔　001
第一节　黄昏的落幕　007
第二节　推测解释学　019
第三节　有机统一和自我发展　026
第四节　本书结构　030

第二章　黑格尔早期作品：战胜分离　033
第一节　对哲学的需要　038
第二节　爱和认识　043
第三节　上帝本身已死　047
第四节　疏远、群体和国家　053

第三章　《精神现象学》：意识的满意和不满　059
第一节　代替和黑格尔式反语　063
第二节　纯粹和不纯粹的认识　069

第三节　自我异化精神　　　　　　　　　074
　　第四节　通往绝对知识的途径　　　　　083

第四章　黑格尔的百科全书：存在、自然和思想的结构　093
　　第一节　扔掉梯子　　　　　　　　　　098
　　第二节　理性和理解力　　　　　　　　102
　　第三节　自然的必要性　　　　　　　　107
　　第四节　精神的出现　　　　　　　　　112

第五章　《法哲学原理》：作为自我实现的自由　119
　　第一节　自我实现和"道德生活"　　　　124
　　第二节　认同和外化　　　　　　　　　130
　　第三节　依照理性去行动　　　　　　　136
　　第四节　教化和公社　　　　　　　　　142

第六章　历史哲学：理性统治世界　　　　　149
　　第一节　历史中的必然性和偶然性　　　154
　　第二节　自由的道路　　　　　　　　　161
　　第三节　进化论和"历史终点"　　　　　165
　　第四节　现代国家的黄昏　　　　　　　170

第七章　绝对精神：艺术、宗教和哲学　　　177
　　第一节　绝对基础价值　　　　　　　　181
　　第二节　艺术是过去的事物　　　　　　186

| 第三节 宗教是为了所有人 | 194 |
| 第四节 哲学的实践 | 198 |

参考文献 202
索引 217
内容简介 224
作者简介 224
译者简介 224

走近黑格尔

第一章

从黑格尔出发
Starting with Hegel

有人认为清晨早起读报是一种很实在的晨祷方式,由此可以调整自己对世界、对上帝的看法,或者知晓世界到底是怎样的。认为自己已经了解周遭的情况,所以报纸带给他的安全感就基本等同于上帝或者世界带给他的安全感。(JSII 547)[①]

自西方思想传统之初,哲学就一直被两种基本对立的力量驱动着。一种是引导哲学家构建伟大、无畏又彻底的理论,形成单一的关于无限应用的组织原则,并且让他们深层次地投入唯心主义和乐观主义中去;另一种则引导哲学家去实践那些适用于现代科学方法论的怀疑和警示,去追求大部分精确和可测量的事物,同时留意到大量的细节以及经验的不均匀性。因此,19世纪美国哲学家威廉·詹姆斯曾经把这两种倾向分别描述为"空想主义"和"现实主义"(PRG 10);

---

① 此文中注的字母缩写是作品的缩写,数字为对应的页码,详细书名参见本书的参考文献。如,(JSII 547)表示引自《黑格尔全集第二卷:耶纳尔·施里弗顿 1801—1907》,第 547 页。

第一章　走近黑格尔

古希腊诗人阿尔齐洛科斯（Archilochus）曾说过"狐狸知道很多事情，但刺猬却知道一件重大事情"（HF 3—5），于是 20 世纪英国哲学家艾萨亚·柏林就有趣地将这两种倾向叫作"刺猬"和"狐狸"。可能很多哲学家的直觉都会符合其中一种倾向，但在大部分情况下只被一种力量驱动就会过于片面了。在任何情况下，哲学都同时需要这两种驱动力，因为这其中的任何一种都能帮助我们扩展对于自身和世界的理解，甚至还能检测出另外一种力量是否过剩。

在哲学历史的长河中，尽管会有在一定的时间内出现一种驱动力压制另一种，但最终都会迎刃而解：另外一种与之相反的驱动力会重生，继而达到平衡。比如说，古希腊的这些哲学家们，阿那克西曼德、毕达奇拉斯和赫拉克利特，他们都是"空想主义"的刺猬，致力于探讨和研究关于宇宙的科学观点。但在那个时候，这个观点得用扩展性的范围与应用来假设基本原则，而且关于人类理性和认识的假设是没有限制的。没过多久，苏格拉底开始质询对知识的索求，更加关注意思和语言中那些更加精妙的地方，同时也真正开始要求学术诚实。苏格拉底教会我们最重要的就是无论这相反的哲学驱动力有什么样的特征，它们都产生了知识：认识本身的无知（苏格拉底式无知）本就是一种智慧。

随着 17 世纪与 18 世纪启蒙运动的开展与深入，以及现代科学越来越占据优势，现实主义、怀疑主义和以经验为主的倾向也逐渐形成。法国哲学家勒内·笛卡儿怀疑一切事物，苏格兰哲学家大卫·休谟继续他的工作,将怀疑主义跟新出现的科学质询模式和手段融合在一起。也正是休谟叫醒了在教条主义中熟睡的伊曼努尔·康德,使得他减少了对理性的野心(PFM 260)。

进入:格奥尔格·威廉·弗里德里希·黑格尔,这个19世纪德国哲学界的关键人物,是一个出类拔萃的空想主义"刺猬",他远大的哲学雄心和非凡的才能一直让他享誉至今。当今对于黑格尔的看法并没有错,但却是惊人的一边倒:他的确想让哲学如同阿那克西曼德、毕达奇拉斯和赫拉克利特想象的那样强大,但他也想要所有反向驱动力中出现的那些值得赞美与肯定的特性。黑格尔想要哲学的所有部分,空想主义和现实主义,刺猬和狐狸;他想要的是英勇无畏和富有创造力的哲学,同时又是科学严谨,对一切经验因素负责的哲学。他可能是历史上第一个如此定位明确、等量地利用这些基本哲学驱动力的哲学家。

当今的哲学家大部分都是现实主义者,鉴于20世纪科学取得的巨大成就,这一点也不奇怪。科学提供了即使不完整但却令人信服的解释,它包含了一切事物,从宇宙的起源,生命的演化发展到极其复杂的胚胎学和人类大脑。诸如此类的现实主义直觉在一定程度上解释了为什么在20世纪的绝大部分时期,哲学学生(至少是在说英语的世界中)会一直被一些冒失且无用的评价黑格尔的言论所绑架;比如,伯特兰·罗素和卡尔·波普尔都对黑格尔做出了马虎、似是而非且不可宽恕的评论,毒害了整整几代的年轻哲学家(PP 116—119; OSI 121, 144, 161; OSII 32, 41, 64, 245)。然而,黑格尔值得一个公

第一章 走近黑格尔

平的解读，而不是我们出于直觉的、一边倒的反应；我们有义务要给他一个公平的解读，来看看我们对他的哲学能否达到贤明的评定。

在开展这个公平的评定过程中，我们可能要考虑把黑格尔的哲学看作一把重要的钥匙，而这把钥匙几乎可以打开自19世纪中期以来西方思想传统中的每一个潮流。在众多对黑格尔哲学做出的反应中，不管是积极的还是消极的，都能找到后现代主义，批评理论，马克思主义，存在主义，现象学，实用主义和共同体主义的思想根基；仅举几个例子，像尤尔根·哈贝马斯、赫伯特·马尔库塞、汉斯·格奥尔格·伽达默尔、让·弗朗索瓦·利奥塔、让·保罗·萨特、米歇尔·福柯、约翰·杜威和贾克斯·德里达（Jaques Derrida）这些人，对黑格尔哲学都有特定的反应。甚至是当代致力于分析哲学（比如罗伯特·布兰多顿和约翰·麦克道威尔）和女权主义（比如朱迪斯·巴特勒、南希·弗雷泽、德鲁西拉·康奈尔和虽非近代但仍值得提及的西蒙娜·德·波伏瓦）的哲学家都以某种方式运用了黑格尔的思想。不管是谁，如果对这些思想浪潮感兴趣，那么他或她都得好好理解一下黑格尔做了什么。

我们可能也注意到了黑格尔哲学对当今哲学中出现的问题和争论点以及其他学科都有很广泛的影响。专业的哲学家对此都是十分确定的，正如证据显示的那样，从20世纪70年代开始兴起对黑格尔的研究，写他的文章也越来越多，也将黑格尔学说带回到了关于社会和政治哲学、认识论以及心理与语言的哲学讨论中。除了哲学家，当今的理论物理学家、进化生物学家、儿童心理学家、公共政策专家、环保主义者、律师、音乐家和其他职业者都在阅读黑格尔的文章。因为黑格尔认识在哲学、政治科学、历史、经济学或者其他学科中没有死板的学科界限，所以，对于黑格尔的作品出现在这些领域中并被证实十分有用，我们一点也不觉得奇怪。

然而，我们不应该忘记，除了这些学术问题外，黑格尔也认为，哲学应该对普通群众的生活产生影响。他认为任何人甚至是无意识中都会对哲学解释或者这个世界的其他事情做出一些贡献，然后引发一系列的问题。关于这个解释，人类生命的目标或者尽头是什么？如何才能得到它？又如何知道我们何时到达那里？以及究竟有没有一个合理的目标？黑格尔认为我们很可能错过了这些关于我们思想和这个世界的特点。我们对这些特点过于熟悉，因为他们"就在我们眼皮底下"；"常识"在哲学上是对于世界丰富的解释，既揭示又隐藏了我们思想的结构，因此哲学应该严肃对待它。黑格尔甚至催促我们去理解这个结构，因为它往往包含了最终引发人类苦难的矛盾和紧张关系。哲学是一门最会分析这些结构并诊断可能会出现问题的学科。

黑格尔哲学到今天都还是鲜活生动的哲学，不仅仅因为它是自觉地建立在对于前两千年哲学探究最好的理解上，也是因为它的解释方法和历史方法推动我们去发展最全面和最令人满意的解释，解释现代人要做什么，我们是如何思考所采用的方法以及是如何拥有目前这么严肃对待的价值观和利益。当然，这真的是一个哲学家的雄心，来接受这样艰巨的（比如黑格尔信徒）任务，去构建如此全面的解释，好让我们去质询是否能承受自身理论的严密性。最后,我们可能无法满足黑格尔哲学的雄心;不管我们对于成功的预估是什么,但任何为了结果的努力都会给予我们丰厚的回报。我们不能简单地认为自己的故事跟黑格尔的故事一样:在过去的180年中发生了太多的事情,我们解释自己的方法也变得越来越深刻和精致。今天,运用黑格尔哲学是指我们要从目前落实的观点出发,加上从那时以来到现在为止已经发生的事情,来重新解释黑格尔思考过的事件和观点。

任何试图证实关于黑格尔是重要的且与当代相关联的言论,都要基于对黑格尔每一部作品的谨慎考虑;这一章就是对这个项目的介绍,包括:(1)简单介绍黑格尔的生活、作品和在黑格尔之前的哲学家,然后解释贯穿黑格尔所有哲学思想中的两个最重要的主题;(2)他的推测解释学;(3)他对有机的统一和发展的看法;(4)整本书的结构以及我的观点。

第一节 黄昏的落幕

黑格尔认为哲学实质上是解释的一种回看和重构类型,关注我们的价值、问题和利益是如何形成现今的意义。他坚称理解我们的想法通过历史是如何产生和发展的,是一个必要的条件,能真正地让我们

从黑格尔出发
Starting with Hegel

知道自己究竟是谁，想做什么。黑格尔哲学是历史主义论，虽然他在捍卫这个基本倾向时并没有提及个人经历，但猜想那些戏剧性事件和预示事件塑造了他那一代人的希望、雄心和恐惧，并且对他的哲学倾向有一定的影响是合理的。在任何情况下，我们都能重构塑造了黑格尔事业的哲学问题，将之作为与黑格尔个人看法相连贯的说明性练习；我们也要努力识别出这些问题是黑格尔直接从前辈的经验中采纳的，还是用了一些重要手段重新调整和修改的。

黑格尔于1770年出生在德国的斯图加特。他见证了法国大革命的成熟，启蒙运动中理性主义的顶峰，巨大的工业革命，市场经济的增长以及欧洲文化与政治的转移。启蒙运动的普遍合理性和现世的人文主义思想使得法国大革命生机勃勃，拿破仑权力的不断增加以及帝国的不断扩张，尤其在德国激起了一股强烈的采用浪漫主义形式的逆反应：个性、艺术和神秘主义的宣扬，传统文化似乎是唯一可行的抵抗方式。虽然那时的德国是由零散的封国组成，这些封国大部分都是腐败专权，部分的浪漫主义反启蒙运动以国家主义形式展现；但自从神圣罗马帝国分崩离析后，统一的德国还没有出现，所以浪漫主义的原型，国家主义只能建立在充满希望却模糊的可能性上。在任何情况下，德国的浪漫主义有多强盛，那么支持即将到来的改变力量就有多强烈。黑格尔早期接受的教育深受启蒙运动的影响，但他的确也感受到了浪漫主义的推力；在这些政治文化潮流的交汇中，生长于德国的民众的确出现了一定程度上的矛盾心理。

第一章 走近黑格尔

1789年到1830年左右是法国大革命时期,同时也是哲学革命时期。德国哲学家似乎从法国人手中偷走了这个革命,并且成为"领头羊",开始了文化和思想转变,接着他们的思想又横扫了欧洲大陆。康德是德国当时哲学的灵魂人物,他反对符合常识的看法——外部世界既独立于我们又可以通过理性去认识,这激发了人们去标新立异地看待整个形而上学和认识论的观点。在《纯粹理性批判》(*The Critique of Pure Reason*, 1781)中,康德写道,人类经验的所有基本特征实际上都来自我们自己的贡献,而不是将我们排除在外的这个世界的特征;甚至空间和时间都是我们思维的产物,思维是我们任何经验可能产生的必要条件。康德将他的革命性的举措描述成哥白尼式的举措,因为他扭转形式的方法几乎与哥白尼捍卫宇宙日心说而不是地心说的方式一样:一旦我们确认观察者致力于观察行动,那么一切都改变了(KPRB xvi)。在康德之后,认识主体不再被认为是消极地接受关于这个世界的信息,而是正积极地在经验上实行结构的主题。因为理性不能逃脱我们加在经验和判断上的范畴结构,作为"现象"只有它们出现在眼前,我们才能得知。不管是什么,只要超越了范畴,我们就无法了解这个"实体"世界。

用康德的观点,我们无法通过理性得知外部的世界,所以理性的雄心一定是被控制且严格限制的。但康德认为用这样的方法减少理性的主导,实际上是可以为那些能应用于道德和宗教的声称留下空间。他坚称我们可以代表观点中的道德层面,去说或者假设一些事情,这些事情不属于理性声称,但仍旧有趣且重要。确切地说,他认为如果道德能讲得通,我们必须假设每一个人都有一个自由意志,假设灵魂是永生的,还得假设上帝存在。理性证明不了这些声称,但因为道德的可能性,我们必须要接受它们。康德在他的第二本叫作《实践理性批判》(*The Critique of Practical Reason*,1787)的著作中确认了这些假设。该书重申了一些关于道德的论点,这些也曾出现在他早期的作品《道德形而上学原理》(*Groundwork for the Metaphysics of Morals*,CPR 5:122)中。在这些著作中,康德捍卫了"无上命令"——一个倾向于对所有人类全部有效的道德原则:只有确认这个行动的格言是普遍的道德法则,才能行动。这只是康德认为的众多"无上命令"法则中的其中一条,不过有一个更加直接的法则:把人当成自身的目的,而不只是当作一种工具(GMM 4:402—403,428—430)。

可能比"无上命令"众多的个性化更重要的是康德对于成为一个人意味着什么的新观点。在他的观点中,为人最重要的两个特征是每个人都有自由意志和我们是理性的。因为我们既自由又理性,所以能理解道德职责要求的东西,我们会用道德的方式真诚地行动;也是同样的原因我们在世界上有一个特殊的道德立脚点,作为人类有一个彻底的价值观,不能被违背或者削弱。但因为康德接受受制于牛顿定律的自然机械论,所以他只能通过替它索求一个独特的形而上学地位来捍卫我们拥有的自由意志。康德认为我们的自由意志同时存在于两个世界:在物理定律之外的自发和独立世界,我们"实体"的意愿;

第一章 走近黑格尔

也是经验决定世界中的意愿,我们"现象体"的一部分(KPP A 577—578)。

康德并不是首位认为自由和理性是人类自我最基本特征的哲学家;启蒙运动中关于自我的观点至少是在笛卡儿的时候就开始了,接下来休谟和让-雅克·卢梭的贡献和探寻都显示了自我观点的起源和增长的不稳定性。从笛卡儿开始,自我就获得了一个新的超越经验且普遍的位置,开始对组成或者至少说调解我们世界全部的经验和其他的个体负责。这个自我的观点是很狭隘的,因为它只关注意愿和理性,排除了其他可能相关的成分;这个观点也是非同寻常的乐观,因为它假设我们的自由是绝对的,我们的理性是大脑的决策机能,不受激情的影响,极其的有权力,而且在操作中十分清晰。虽然那个时候康德的文章已经相当成熟,不过,在休谟的怀疑论挑战理性至高无上性和卢梭浪漫主义的个人政治化下,自我的观点已经快要崩溃。康德的观点,可以看作是拯救开始于笛卡儿的启蒙运动自我的最后的垂死挣扎:这只有在一个彻底的限制领域中理性才可以证明关于它的声称;只有在一组详尽的"猜测"中我们才可以拯救道德和宗教,因为我们了解它们。

比起自己的那一代,康德对下一代(黑格尔这一代)具有更大的影响,这一点也不奇怪。因为他的观点既激进,又是某些东西的丧钟,给他的同龄人做出了难以消化的"饭菜"。年轻的一代才能看到启蒙运动关于自我的观点在康德这里已经到达终点了:"自我"是超越经验的、普遍的、清晰的同时又不受自然法则的约束,这样过高的雄心已经筋疲力尽了。黑格尔之后对这些历史上的过渡所允许的开场有特别的兴趣；正如他在《法哲学原理》(Philosophy of Right)中所写的一样"猫头鹰米诺瓦只有在黄昏开始的时候启程"(PR 23)。在思想、文化和历史的转变语境中，这表示只有在一个时代行将灭亡与这个时代的目标和探询完结了自己的时候才有可能出现真正清晰的时刻；下一个时代等着通过结构断裂切断与它的联系。

首次踏入这个争论的时间是黑格尔在图宾根的神学院的时候。他从1788年到1793年都在这个学院学习，准备将来成为基督教新教的牧师，在黑格尔家族里，这是个十分老套的职业道路。但就是在神学院学习的几年里，黑格尔开始拒绝接受这个传统神学的教条，同时神学中约定俗成的腐败现象也愈演愈烈，这更加坚定了黑格尔的想法。在进入这个神学院之前戈特霍尔德·莱辛的文章就已经影响了他，莱辛作为社会知识分子的角色也帮他建构了自己的事业抱负。莱辛通过如同《智者纳旦》(Nathan the Wise, 1779)这样的作品已经影响了许多读者，该书提供了一些方法，其中包括如何使传统宗教与启蒙运动中的理性和谐共存的方法。黑格尔为他自己想象了一个类似的角色，尽管牧师可能是成为这类角色的一个可行的背景板，但他的直觉还是把他推向哲学；他新交的两个朋友也加强了这个轨迹，一个叫弗里德里希·荷尔德林，后来成为一个重要的浪漫主义诗人；另外一个叫弗里德里希·威廉·约瑟夫·冯·谢林，很快就成了有名的自然哲学家（谢林在事业的早期就取得了巨大的成功，这使得他与在事业上进步

第一章 走近黑格尔

很缓慢的黑格尔产生了摩擦)。这三个人都是法国大革命和拿破仑狂热的支持者,都被新时代的曙光激励着。

这个时期黑格尔作品中最有趣的是一个未出版的片段,现在常被称为"图宾根散文",里面描述了公众生活中宗教的角色。起源于他反对神学教条,黑格尔认为倘若宗教能对民众产生积极的影响,帮助他们克服现代生活中零散的痛苦,那它就会被称为一个真正的"民众宗教"。民众宗教超越教条和迷信,某种程度上融合民众的个人情绪和他们的文化及政治制度,形成一个实用的和谐。不管黑格尔是如何痴迷启蒙运动中的理性限定,他都不认为理性能单独克服文化碎片;有些东西必须要进入人们的心里和思想里,他认为实现这个最好的办法就是通过一个受启发的政治参与的"民众的宗教"。

在1793年,黑格尔完成了他的神学院学习,然后搬到伯恩去做家庭教师。虽然黑格尔在那里感到很孤独,十分想念谢林和荷尔德林这两个朋友的陪伴,但却写了很多的文章,非常盛产。在这个时期,黑格尔完成了《基督教的实证性》(*The Positivity of the Christian Religion*,被称作"实证性散文")、《耶稣传》(*The Life of Jesus*)和《德国早期唯心主义的系统方案》(*The Systen-Programme of German Idealism*)。黑格尔在这些作品中对基督教的看法一致,都持批判态度。他的观点强烈地受到所阅读的康德所著书籍的影响(康德也批判约定俗成的基督教):黑格尔认为耶稣其实是康德主义者的一个原型,他试图捍卫理性和关于道德法则理性的观点,但他的信息在早期基督教约定俗成的压力和紧急状态中丢失了。黑格尔说，因为这些压力在起作用，耶稣的信息变成仅仅是对权威机构的上诉，这也是为什么希腊哲学家苏格拉底才是更合适的人性之师和民众的宗教领袖。

虽然在这个观点上黑格尔对基督教的解释是基于对康德伦理学的完全接受，但他和他的同龄人其实一直在跟康德哲学中的一系列问题和紧张关系博弈，而且他们关于这个的矛盾心理在不断加深。他们试图去同意这个基本的超越经验的论点——经验推测思想的特定范畴，但是想要知道康德是否已经正确理解这些范畴是什么。他们也关心什么看起来像是"现象"世界和"实体"世界中完全难处理和非系统的分离；康德需要去假设和提及一整个不可知的世界，他们对此也感到困扰。但并不是全部拒绝康德的观点，18世纪90年代的大部分年轻哲学家都想要填补或者"完善"康德的系统。

约翰·戈特利布·费希特（Johann Gottlieb Fichte）就对"完善"康德的系统已经做了一次著名的尝试。他也曾在图宾根学习，那个时候黑格尔也在图宾根，但在1794年他就搬去耶拿去当哲学教授。费希特十分仰慕康德，通过捍卫他的伦理学并将之应用到宗教中开始自己的事业。他搬去耶拿实际上是因为熟人的关系，算得上是一件很幸运的辉煌事例：他发表了一篇文章但并未署名，大部分读者最初猜测是康德本人写的，所以费希特的事业就成功开始了。黑格尔和谢林都认为费希特是康德合适的继承人，而且还是唯一一个可以成功解决康德系统中矛盾关系的人。费希特的主要贡献就是重新描述了这个系统，

第一章　走近黑格尔

在基础上比康德能想到的更加生动：不仅仅是认识的主体组成其自身经验的结构，而且在实际上应对这个世界的时候只有这个主体才可以组成结构。费希特认为这个主体必须要通过行动将打算规划到物质世界中去。这个活跃和努力奋斗的个体开始拥有一个跟外部存在的世界十分不同的关系，远跟康德所想的不同；也开始了解这个物质世界因为它开始用行动进行反击。费希特也认为超越轰动外有一个真实，一个"超越感觉的"真实，是内在和个人的，能被道德意识感知得到；这很重要，因为它是用一个创新的方法来否认物质或者物质是真实的主要原料，这样一个举措之后被谢林、黑格尔和其他人所采用。

之后更多的年轻哲学家开始认为康德系统是不平衡的理性主义，同时德国的浪漫主义也不断强大，另一个哲学家的思想已经开始靠近中心舞台。弗里德里希·席勒，哲学家、诗人、作家和著名的现世人文主义的捍卫者，他认为康德观点的主要问题是他对于自我的观点是错综复杂的：康德主义本身有两个完全分开又对立的方面，理性和自然的分离或者在灵魂和肉体之间措辞不同。席勒认为这是一种反人文主义，因为它只确认和庆祝人文主义的一部分，排除了其他部分和其他方面。在18世纪90年代完成的一系列短篇散文《论人类的审美教育书简》（*On the Aesthetic Education of Man*）中，席勒认为我们的人文主义全面来说包括了热情、直觉、创造力和理性，最高的表现形式是艺术。席勒是约翰·沃尔夫冈·冯·歌德的好朋友，歌德是《浮士德》的作者，也是德国文学和艺术方面具有超凡影响力的人物。席勒认为歌德提供的人文主义观点比康德的好，因为歌德代表了理性与艺术最完美的统一。

席勒认为康德的理性主义是片面的，我们的方法应该是人类学的方法。在这里面，我们是复杂的整体，一部分是自然的，有动物的本能，一部分是理性的。黑格尔和其他的哲学家都认为席勒是对的，同意他努力扩展哲学的问题，让其不仅仅包含理性、思想和精神。席勒捍卫能教化整个人的感受和热情的"审美"教育，这也标志着他反对传统的哲学思考（形而上学和知识），转向思考人类实践、机制、社会情况、历史、政治、心理学和人类学。

为了逃离在伯恩的孤独，黑格尔搬去了法兰克福跟荷尔德林重聚。荷尔德林一直生活在法兰克福，他帮黑格尔安排了另外一份家庭教师的工作。在法兰克福的几年里，黑格尔十分多产，而且似乎深受荷尔德林浪漫主义的影响，完成了《基督精神及其命运》(The Spirit of Christianity and its Fate)、《爱》(Love)、《德国宪法》(The German Constitution)和《一个系统的片段》(Fragment of a System)。很可能是他跟荷尔德林的探讨引导他的作品去谈论爱，探讨他用新的又富有同情的方法研究宗教和他初步涉猎神秘主义。在这个时期，黑格尔也似乎接受了荷尔德林对于费希特的批判：费希特的观点在主观主义方向走得太远，还有他认为，跟一个群体中所有智者的假设开始是唯一可以解决主体和客体对立的办法。最后一点对黑格尔接下来的几年有很重要的影响，因为他开始制定出一个观点，我们可以称其为"社会认识论"或者"社会理性"；这是黑格尔关于"客观精神"，社会群体的

第一章　走近黑格尔

"思想"或"精神"方面思想的开始,这个思想不能被任何个人的思想或者紧张关系简化,在接下来的几年里黑格尔会继续发展它。

1801年,黑格尔搬到了耶拿与在耶拿大学教书的谢林重聚。黑格尔也开始在耶拿大学教书,虽然没有薪水,同时还跟谢林一起编辑《哲学批判学报》(*Critical Journal of Philosophy*)。这个阶段黑格尔特别多产,而且开始掌控自己的事业,准备成为一名大学教授,他完成了《信仰与知识》(*Faith and Knowledge*)、《自然法》(*Natural Law*)、《费希特及谢林哲学体系之差异》(*The Difference between Fichte's and Schelling's Systems of Philosophy*,现在被称为"差异散文")和《精神现象学》(*Phenomenology of Spirit*,经常被称为"现象学")。谢林在黑格尔抵达的两年后离开了耶拿,但已经有足够的时间来发展两人多产的工作关系,有足够的时间来发展批判主义和对两个方向做出贡献。黑格尔的首部出版作品——差异散文,是捍卫谢林反对费希特(和康德)的哲学观点;黑格尔认为现实主义和唯心主义的对立不能被克服,除非对立本身在某种程度上被拒绝,而康德和费希特在此的尝试都没有成功。谢林的方法是用自然哲学重新开始来避免这样的对立,自然哲学是一个有机整体的概念,将主体和客体、真实和理性以及自由和自然都归入其中。黑格尔同意谢林的看法、在我们对这个世界的理解中无论找到的统一是什么,都一定是通过理性(反对直觉或者启示)找到的。但黑格尔已经在发展自己的哲学系统,同时对谢林的自然观点的批判也在不断形成。

从黑格尔出发
Starting with Hegel

在耶拿，黑格尔努力将自己的体系解释清楚。经过一系列错误的尝试之后，他终于完成了自己首部主要作品——《精神现象学》。这本书是他以先哲学问为基础的但同时又将自己与这些前辈们区分开来。有一个有点虚构的解释是说，1806年黑格尔刚刚完成这本书的终稿便于慌乱中逃离了耶拿，因为拿破仑的军队正攻入这座城市；可能拿破仑并没有追在他身后，但他的处境的确是令人吃惊的：他没有工作，没有钱，也没有计划，但在几个月后就要成为一个私生子的父亲（母亲是黑格尔的女房东兼管家）。在1808年搬去纽伦堡做中学校长之前，黑格尔短暂停留在班贝格当过一名新闻编辑。之所以接手中学校长这一职位，是因为他想借此作为垫脚石拿到大学教授的职位。在纽伦堡，他完成了《逻辑学》(Science of Logic)，跟玛丽·冯·图赫尔结了婚（他们另外育有两个儿子）。

1816年，黑格尔在海德堡大学终于成为了大学教授。他在学校里教授政治哲学和美学，并完成了首次包含他的体系全部内容的著作——《哲学科学百科全书》(Encyclopedia of the Philosophical Sciences)。通过重新思考他从浪漫主义中采纳的观点，黑格尔尽可能地将他的体系变得严谨和科学。1818年，黑格尔接受了柏林大学提供的职位，他对能搬到那里去十分激动，因为柏林是正在进行的以自由政治倡议为主的普鲁士改革运动的中心。但黑格尔到柏林不到一年，弗里德里希·威廉三世就开始严厉打击改革，发起审查。很多黑格尔的学生要么被驱逐出学校，要么被关进监狱。尽管有这么多的政治摩擦以及他和普鲁士出版机构的关系那么不稳定,但黑格尔仍旧出版了《法哲学原理》(通过对于历史、宗教和美学的公开演讲,黑格尔越来越受欢迎)。同时,他也重新出版了修改过的《哲学科学百科全书》和《逻辑学》。但在1831年,他突然身患重病,不久就离开了人世;当时霍乱猖獗,但并不清楚黑格尔所患疾病是否与之相关。

第二节　推测解释学

贯穿黑格尔哲学的主要观点可以称为推测解释学,它是哲学方法的一部分,是表达一系列本质价值判断和承诺的一部分。解释学是解释的理论,推测解释学是个体试图重构待解释物体的必要结构(ENCI§§79—82)。对于显示的必要结构,黑格尔称为理性或者理性主义,并从所有偶然和仅仅可能发生里面区分出来;理性是必然存在于世界并且十分重要的,因此值得称为现实(ENCI§6;PR 20)。推测解释学试图揭示"真正的理性",可以简单参考黑格尔的看法"凡是合乎理性的东西都是现实的,凡是现实的东西都是理性的";他希望这个能被解释得越广泛越好:"为了理解哲学的任务,去找理性是什么"(PR 20—21)。当我们接近解释的客体,根据推测解释学,我们的任务是最大可能去理性和连贯地描述它;黑格尔说任何拒绝这样做的解释方法要么是自大的，要么是十分困惑我们进入历史的方法（PR 21—22）。

对于推测解释学的理解，有很多不同的观点和看法，其中有些复杂点产生了黑格尔的术语，所以我们应该想到它是如何被分析成不同的索求。推测解释学是描述性的，标准和批判的；受到我们想法和批判观点历史调解的限制；对于我们世界的调解态度来说又是富有成效的。

首先，推测解释学是基于关于"理性是现实的"的理解，既是描述性的又是批判的。正如黑格尔所表达的一样，它没有废除"有这个信念会变成的东西"和"目前的这个东西"之间的区别。黑格尔是否考虑到了国家、历史、自然或者意识的特殊模式，他往往注重正在谈论的东西的理性，是指那个东西的结构或者基本组织原则。比如，来想想下象棋游戏。象棋的"理性"是什么？象棋的基本标准结构是由它的规则决定的，这些决定使得象棋成为象棋。也就是说，棋子和棋板是由什么做成的，不管是木头，还是大理石，还是其他东西，都不管用；是谁在下象棋也不重要。如果看到两个人下棋下得很差，对下棋规则有些困惑，我们不会焦虑也不会觉得象棋就不存在了；也不会认为象棋的"理性"只是因为这两个人下棋下得不好或者不遵守规则就在某种程度上改变了。当一个人用推测解释学来看象棋，解释的描述部分会需要重新构造这些规则。如果他恰好是个象棋大师或者有一本规则书可以查阅那么就会很简单，否则就会具有挑战性。

正如下棋游戏一样，一个东西的基本结构被证明是标准的规则构

第一章 走近黑格尔

造,那么推测解释学的标准层面就会变得清晰。但有一个更普遍的观测标准度的办法可以在这里起作用:推测解释学是依一致性观点而定的,试图按照这个标准来定位目标、结局或者终极目标。这就意味着当我们描述一个物体是固有"理性的",要努力找到这个能最恰当解释这个物体其他特征的点或者目标;如果我们认为一个物体或实践是脱节的,残缺不全和缺乏可识别点,可能无法描述它是固有"理性的"。在象棋案例中,推测解释学能找到一些目的论和目标导向的体系,这样棋板、棋子、玩家正在做什么以及其他有关事情都能讲得通。如果我们在识别象棋的"理性"方面有难度,可能需要使用与象棋有关事物的内在观点来努力识别这个实践的终极目标。拒绝背离外在观察者的观点会使之更加容易发展成一个破坏性、通货收缩和有损形象的解释。在象棋这个例子中,可能就是玩家随机移动棋子或者只是在打发时间。比起那些连贯或者可理解度,这里更需要增加一致性的观点:一个物体或者实践能被我们所理解,能远离愚钝的矛盾,但仍旧缺乏一个点。而这个点就是:认为象棋仅仅是打发时间的方法这一解释可能更容易明白和不矛盾,但象棋目的论才是更加连贯的解释,才能更好地解释这个实践的不同特征是如何有秩序地相互连接。

因为进行"内部"批判十分有必要,所以强调推测解释学中内部观点的角色十分值得。从"外部"的角度批判一个实践或者观点一直是很容易的,但倘若一个人要想找到来自这个观点本身的缺陷、紧张局面或者问题,他必须要依据其目标或者目的,真正地理解这个实践或者观点的内在。典型的内部争论显示了一个特殊的观点或者实践无法完成其所寻求的，无法依靠自身的条件成功。这是为黑格尔论证的本质模式，将他的想法引导到每一个领域（PHG§§76—79, 80, 84, 87）。

如果推测解释学的描述性工作已经在执行，一个人也通过思考控制了这个东西的"理性"，那么他可能一边看着世界上这个东西的例子一边问"这个东西真的完全表达了他的理性吗？或者在某种程度上它还没达到？"而这就会引出推测解释学批判的一面，因为它允许一个人去争论实际存在的事物无法表达自身的"理性"。比如说，假如一个人看到两个人下象棋下得很差而且违反了规则，他会说这个游戏在退化；而这个批评是基于先前对这个游戏"理性"的评估以及观察到其"理性"没有被充分表达。我们可以拓宽这个例子到整个象棋游戏的文化和制度上来，可以想象到象棋比赛上出现大量的作弊现象，有些比赛不得不提前结束因为参赛选手在比赛中途惯常地被攻击。在这个拓宽的例子中，我们可以增加这个游戏的"理性"，设想因为游戏而形成的制度"理性"，随着时间的推移已经在支持这个游戏。黑格尔可以用"描述象棋是固有理性的"这一目的来解释这一情境，因此认为象棋的规范和实践已经是最好的了，象棋变成了它本要变成的东西。这需要描述性和批判性的解释。

当黑格尔在政治哲学语境中使用他的推测解释学，他的读者（当时和现在的）都会经常错过他解释中的批判层面。他在这一领域的主要作品《法哲学原理》，初读起来似乎是一整个描述性的说明。假

第一章 走近黑格尔

若恰好不记得正被描述的东西是"真正的理性",并不自动变成"真的",这本书就会变成是在简单地辩解。这本书的描述性部分是在捕捉我们对于自由的理解走得有多远;当我们看到在这真实存在(比如"真实的")政治世界中实际上无法表达我们对于自由最好的理解的时候,这本书的批评部分就会变得清晰。现代国家的内部批判仅仅采用了它自己的标准,然后展现出这个国家无法满足他们。

黑格尔的哲学坚定地植根于历史主义,这是推测解释学的第二个宣称;正如他解释的一样:"每一个个体在任何情况下都是他那个时代下的孩子;因此哲学也是如此,是其所在时代所理解的思想。"(PR 22)黑格尔认为我们拥有的每个想法和解释都有一段历史。这并不是说没有新的东西会出现,或者没有一个人是任何东西真正的作者;这只是说总有一段历史故事可以讲述,而这个故事会有助于我们去理解它将会导致的东西。这并不是没有意义的陈词滥调,因为它最低限度地暗示了我们采用了一些关于我们目前态度和价值的谦卑,这谦卑是真正理解我们是谁的前提。黑格尔认为即使是哲学也不能走出它自己的时代。这将会排除很多激进的政治理论形式,而这些理论只有假设人类能真的走出他们所属的时代才能讲得通。比如说,乌托邦理论似乎跟我们讲的是来自未来的话,就像很多浪漫主义似乎是跟我们讲来自过去的话;但这些理论家都不可避免地讲来自他们自己所属时代的话。黑格尔认为对历史的真正欣赏会排除掉很多种外在的批评:从一个完全外在的优势方面,从来世或者发明的观点上来批评现状,这样真的太容易,显然会忽视已经存于这个世界的一致性和理性。

他认为这个实际显示的是政治变革一直是从群众开始的,如若改革太突然,群众无法理解和适应它们,突然发现自己所处的新情景,那么结果很有可能就是动荡和抵抗。黑格尔这种恐惧的背景是他试图讲通法国大革命后的恐惧。最终,黑格尔不是一个革命主义者,他用哲学的理由去捍卫这个身份。描述黑格尔为温和开明的改革主义者比较恰当:他想要促进变革,但绝对不是激烈突变到让民众感到突然或者强有力地从制度和文化的结构中撕裂开来,而这些结构给予他们生命意义,帮助他们形成自我感。

黑格尔的推测解释学引起的第三个宣称是它产生了与世界和解的观点。这个最好的指示来源于黑格尔曾经描述哲学家对现状的态度时用过的异乎寻常的比喻:"将理性作为现今交汇中升起的力量,使现今充满光明——这个理性的洞察力是与实际的和解,哲学将这个洞察力赋予那些已经受到内在号召去理解的人。"(PR 22)黑格尔完全知道人类在现代世界里遭受到的巨大苦痛,他认为这自然是坏事:通过《法哲学原理》他用很多方法指出遭受的苦痛是通过贫穷、战争、经济动荡和异化等手段系统地产生的。在这个过程中有一些严重的问题,但黑格尔认为我们不应该被无可奈何、愤世嫉俗和挫败所打败,意志消沉,他催促我们应该在这些巨大的苦难中找寻"上升之力",以至于除了我们的悲伤和抑郁之外,我们也可能"使现今充满光明"。

但这并不是一个别人可以轻易接受的观点,因为它要求一个人在

第一章　走近黑格尔

接受和肯定自己生活的世界的同时，对一直环绕我们四周的腐败、剥削、虚伪、残忍、压迫和非人道负责。这似乎跟几十年后弗里德里希·尼采所呼吁的"肯定生命"或者"命定之爱"（GS§276）相符合。尼采当然不会希望证实这个世界上的"理性"，但这个基本上赞成倾向的意义是一个强有力的信号，表示黑格尔和尼采都赞成这个观点。需要花费一定的力量去看待存在的东西，去理解它是腐败、有缺陷和不完整的等，但仍要观察出其内在的结构表达出了世界本身会变成什么样子。这显示了黑格尔参与的东西以及他对这个世界的乐观态度，它被认为是黑格尔哲学最基本的主题之一：我们带着困难和自相矛盾的渴望，带着理性主义的命定之爱，加上对一致性批判和修复的追求，在世上拼命抗争。

黑格尔的推测解释学在所有层面都影响了他自己的思想，在每一个情境中引导着他的论点。他在《精神现象学》中用这个方法解释意识模式，在《逻辑学》和《哲学科学百科全书》中用这个方法解释思想的形式。当他通过历史考虑艺术和宗教的形式时，他试着最大化地将它们描绘成是理性和一致的。在《法哲学原理》中审查现代国家时他也用了同样的方法。

第三节　有机统一和自我发展

黑格尔在他所有的作品中都使用了有机的隐喻，并频繁地使用"生命"和"有机体"来引导自己的思想。"有机体"作为一个哲学观点，通常被认为是暗含了关于部分和整体关系思想的特定方法，类似于关于生物中器官、腿和内在结构都是有序相连的方法；它也被描述为反还原论的一种，反对将事物分解成最小的组织成分这一趋向。"体内平衡"这一观点——复杂生物体系的功能平衡，在这里是有用的，因为它表示了一个动态的、系统的和正在进行的方案来解决内部产生的矛盾。比如说，免疫系统保护有机体的安全，但有时候为了自身的安全，这样的保护要求它去攻击"自己"——它自己的组织；如果免疫体系的对抗力量太强大，正如自身免疫疾病，首要的整体就会瓦解，有机体也会随之而亡。

黑格尔认为将"整体"分成"部分"的分析倾向是有用的，但我们必须要为这样的解释负责。假如要在"理性"和"情感"或者"心"与"身"之间做区分，就不能忘记我们是在处理自己的创作——来自整体的抽象。在他的《哲学科学百科全书》里，黑格尔提及一个有机的身体，某种程度上是来自亚里士多德《论灵魂》(*De Anima*)的某些论点：他认为一个整体肯定是由部分组成的，决定了部分就等于放弃一个整体的真正意义，等于一个错误的抽象具体化

第一章　走近黑格尔

（亚里士多德的观点是一个"有灵魂的"身体并不是其部分的总和）。在《法哲学原理》中，黑格尔在讨论人类需求的本性中告诉我们同样的具体化：因为所有人类都需要生存在包含很多个体，普遍协调成为一个正常运转整体的社会情景中，从单个个体（整体的一部分）的孤立且原子化的观点出发来讨论人类需要这样的转向是"不正确的"转向（PR§§ 190—194）。

作为政治理论情景下的方法论问题，黑格尔支持整体论作为出发点：我们可以选择从理解个体再努力理解整体开始，也可以从理解整体再努力理解个体开始；黑格尔在这里也支持亚里士多德（PR§ 156）。黑格尔跟亚里士多德一样，从一个作为起点（本原）或者起源的观点或看法开始。亚里士多德认为这个起点一开始并不显示是这个例子或者反对竞争对手的解释，而会通过阐述显示出可能性（NE 1094a1—1103a11, DA 402b25, 413a16; PR§ 2）。这样一个起点听起来是一个可疑的总结，因为没有支持它的论点，但希望是如果一个人准备发展解决一系列问题的系统方法，不管通过阐述在整体中找到的真相是什么，任何部分的真相都会出现；黑格尔在《精神现象学》的前言中说了很多（PHG§§ 24—25, 36—40）。亚里士多德和黑格尔共同的观点是至少在政治理论领域，一直都有通过理论表述的综合愿景，包含了自我、自由、个体与社会的联系等概念。这个综合愿景可以很固定也可以很流动。最好的策略不是取出这个愿景的一部分并显示它是真的，而是说出整个原因，才最有可能证明"真相"的每一个部分通过"真相"的整体显示。

另外一个有机隐喻的重要特征是它是动态的。这个动态产生于自给自足的习惯,基于有机体本身的内部原则。这也是开始思考黑格尔的"辩证法"是什么意思的最好办法:不是去将辩证法孤立成为正式的手段或者显然有自己生命的一些"东西",他的意思更接近于将辩证法看成从一个东西的内部准则里展开的东西。当我们正确地解释了一个有机体,意识模式或者一段历史时期面对的是什么,就能遵循它自己的发展道路。这里的关键看法是:自我组织、自我发展和内部目的论。辩证法是事物或实践依据自身惯性完成自己的结构;黑格尔努力将这个结构变得清晰和明确。

黑格尔使用了生物学框架的成长隐喻,他称之为教化(Bildung),用来获取引导发展的内在原则和力量,尤其是在人类这个案例中(尽管考虑到作为一个整体它也应用于人性)。教化这个德文单词的意思是"教育""培养"或者甚至就是"文化",隐含了一些需要发展程序让从未受教化(或未受教育、没有文化)状态到受教化状态的转变变得通俗易懂。在这种情况下,使用德文单词可能更好,因为它包含了如此多的意思,跟相关的单词教育(Erziehung)有明显区别。教育专门是指在正式的学校教育里接受的东西,而教化是指一个人通过丰富的人生经历和体验得到的东西,而这虽然不是一直但也往往发生在学校之外。还有一个不同是教化表示一个人必须要积极地重视自我,他必须承担自我形成和发展的困难任务,而一个人受到的教育经常是

第一章　走近黑格尔

消极地接受知识，接受某些东西，却不是自己需要或者去获取。一个人必须要积极地参与自己的教化也暗示了"文化适应"可能是错误的翻译，因为它暗指教化大规模出现是在一个人年轻的时候，而且仅仅是通过社会来施加影响的；尽管黑格尔对于教化的理解也是基于一些文化适应上的，但它没有被限定于此，包括了批判一个人的文化适应的能力。如成长小说这样相关的文学体裁拥有黑格尔感兴趣的宽广意义，最好的例子是歌德的《浮士德》和《威廉迈斯特的学习时代》（*Wilhelm Meisters Lehrjahre*）。

当然，在这个时代黑格尔开始使用教化观点，但却没有做出关于它是什么意思且没有争议的解释。它只是用来说明过程，通过这个过程一个人变成了一个有文化、有教养、学识渊博又有品位的人，但很多人将教化等同于启蒙运动思想的获取，等同于一个人同情法国大革命的过程，或者等同于一个适当宗教倾向形成的过程。很多人也认为一个受过教育和有文化的人有责任通过解决社会、文化和政治问题的文章来启迪更多的公众；教化的这一层面自然影响了黑格尔早期的事业抱负，使他想成为一个社会公知。去教化的人获取社会公知的权威和责任不是靠出生或者贵族头衔，而是基于那些在自我形成中取得成功的人所表达的知识和特性。

黑格尔有他自己关于教化过程总的构造，与他看待其他问题被辩证解决的办法互通：它是一个典型的移动，从目前的统一、专心与和谐的阶段开始，通过差别、偏斜和疏远的阶段，最后到达和解的状态（并不跟"正题—反正题—合题"一样简单，这也是对他观点的过度简单化）。最后阶段并不是回归到第一阶段的和谐与统一，也不是对第二阶段简单地否决；它是一种接受和肯定，也是一种真正解决第二阶段紧张局面的方法，阻止了这些摩擦控制或者毁坏个体或者群体。同时也暗示了这个阶段的和解更好地满足了现今个人或群体的教育目的。在这个过程中，这些目的本身是先进的，与初始状态或者误导的目的不同；在很多情况下初始状态的抱负要么不能被满足，要么花费巨大才能满足。从和解这一角度来看，最初的目的会显得很天真、误导甚至是错误，试图回归和满足这些最初的渴望显得很讽刺。

第四节 本书结构

接下来，我要专注那些第一次阅读黑格尔作品的读者们的需求，包括那些将哲学作为一门新学科的读者们。因此，我避免了很多与我所写文章有关但却高深、需要注解的论点。倒不是因为这些论点无趣，而是说清楚它们需要更专业的术语，也需要更长的篇幅才能将之表达准确。我也努力将重点放在那些经常被编入大学课程的黑格尔作品。这本书并不是培养关于黑格尔作品的批判观点，如果有什么不同的话，也就是因为太过于同情所以做错了事；但这本书的读者很需要用

第一章 走近黑格尔

黑格尔哲学自身的术语去清楚地理解此哲学,而且这些术语才是深刻批判的前提。还要说的是我也避免使用黑格尔模糊的语言,某种程度上甚至避免引用他全部的话。我的理性是基于给本科生开的黑格尔课程,在这么多年的教学中,我意识到学生从我用"普通"语言讲的黑格尔论点中获益匪浅。我发现学生从中获取了自信,使得他们回归并且努力研究黑格尔的文章。

第一章的介绍提供了从历史根基和主题根基来开始阅读黑格尔的文章。第二章,是关于在黑格尔第一个主要作品《精神现象学》(1807)出版之前的所有文章。在他早期的作品中,黑格尔主要关心如何克服现代生活的紧张局面和反抗,在很多方面他都在思考爱、宗教或理性是否能提供最好的和解模式。

第三章讲的是《精神现象学》,尤其是压制这一基本主题,意识或生活的一种模式屈服于另外一种,后一种模式更好,因为它解决了前面阶段固有的紧张局势或者普遍来说它更加令人满意和稳定。《精神现象学》从意识角度出发试图捕捉这样的发展,面对有关存在主义和认识论的多种多样的危机,仍可以通过或多或少令人满意的办法解决。这一章也解释了《精神现象学》全面进展和相互主体认识中重要的观点。

第四章解释和揭秘了黑格尔"体系",特别注重这个体系在《哲学科学百科全书》里的展现形式。黑格尔对不从意识或经验角度出发解释东西的结构是什么很关心。这里很有趣的是他关于跟"理性"对比的"理解"的观点以及本质上必要性的结构。对于黑格尔我们理解真实的结构很重要，这样我们才能从黑格尔体系里面看清自己，而不是超过或反抗它。

黑格尔主要的政治哲学作品是《法哲学原理》，第五章主要论述他在这部作品里提及的自由理论。关于他政治哲学的主要解释性问题都能解决是因为《法哲学原理》这本书借鉴了之前篇章里提及的其他书籍。这一章也告诉我们黑格尔早期的问题是如何在这部成熟的作品里得到解决的。

第六章主要讲的是黑格尔对于历史的看法，主要是在他的著作《历史哲学》中体现，部分也体现在他的《哲学史讲稿》中。在这些作品中，黑格尔认为历史有一种理性或结构；历史并不是一件事接一件事发生那么简单。他认为历史的基本阐述是自由的发展和实现，并靠政治安排和陈述的继承来支撑。他在实际历史和哲学式的历史之间做了区分，实际历史是指真正发生的历史，而哲学式的历史是指藏在实际历史后面更加深层的结构发展；这个区分对于理解他关于"历史终点"的评论十分关键。

第七章讲的是最高的反思形式，黑格尔称之为"绝对精神"。这一章里面有很多关于艺术、宗教和哲学的实践，每一个实践都代表人性对其最基本的关心和兴趣的反思。艺术是通过优美的作品来展示现实的最终结构；宗教是在象征性和隐喻性方面代表它；而哲学则是通过最纯粹的概念来解释它。最后一章探索了这些领域的"绝对精神"，并特别注意这些反思类型和现代国家之间的关系。

黑格尔早期作品：
战胜分离

第二章

从黑格尔出发
Starting with Hegel

我们看着哲学逐渐出现,对于它拥有的特殊形式我们可以更仔细地去对待:一方面可以从正在使用的精神创意出发,精神的运转和自发性已经重新确立和塑造了一直被租借的和谐;另一方面可以从二分法的特殊形式出发,整个体系就是从二分法里产生。二分法是需要哲学的源泉,作为这个时代的文化,它是整个结构规定好的方面,并且很不自由。(D89)

最近几十年中,大量帮助人类改善自身科技的消费正以一个摇摆的比率增加,尤其是治疗抑郁、焦虑和其他这样的情况的药物使用量;同时外科手术对我们身体的控制也在增加,是为了达到吸引力的文化标准。美国人是这个领域最疯狂的消费者,但这个现象似乎也已经扩展到世界的其他地区。即使我们允许有些人对这些科技有合情合理又不得不可的需求,仍旧可以看到大量的消费者似乎是为了其他原因而使用这些技术;因为这些技术出现的时候如此有说服力,又作为广泛文化潮流的一部分,所以值得去询问在这个水平是否有一个具有牵引

第二章　黑格尔早期作品：战胜分离

力的解释。现在我们当然在激烈地讨论这些技术是否成为一种生活方式，以及消费者是否主要是对快乐、成功和真实感兴趣，或者就是为了减轻无聊感；我们也在争论这些化学物质和程序实际上是否真能让人更加快乐、成功、真实，或者真的能让人减少无聊感。当然，解释的一部分会需要注意这些科技是如何被市场定位的，是如何让众多的经济动机发挥效果的，以及消费者是否被控制或误导。

但另外一个接近这潮流的方法是去思考使用这些技术是否就是为了减轻我们现代困境的普遍不适。在这个观点上，不是说我们因为特别的理由而使用这些技术，或者甚至可以通过它们完成特殊的目标；而是说我们就是对现代化的一些基本特性做出反应，特别是已经在当代工业化和科技十分先进的西方民主国家里形成的现代化。在这个设定里，与前人比起来，我们往往享受着更多基本的法律和政治自由，但是抱着巨大的矛盾心理，不舒服地携带着这些来之不易的自由。越多的自由意味着越多的选择，而它也意味着原先选择什么的焦虑心情更加严重了；它可能意味着我们有更多的项目和机会，但在交叠的义务和兴趣之间会发生更多潜在的冲突。我们质询与批判的能力和意愿在提高，部分表达了我们的现代自由，但是把我们从过去压制中解放出来的批判理性主义现今可能变成了不满意和痛苦的源泉：当我们悄悄向愤世嫉俗和讽刺的分离滑去时，识别现代社会的机构和政治越来越困难，因为我们能轻易地发现官僚主义的变幻莫测以及政治的腐败。当我立即克服愤世嫉俗并且努力融入我们社会的制度结构中时，常常会因为现代世界的极其复杂和不透明感到沮丧。面对这些现代不适时,一个人很可能会感到被侵夺、模糊和焦虑,这自然会让其去寻求技术的帮助来修补自己。

黑格尔生活的年代远远早于现代先进科技登上舞台的时间,然而他对于现代化问题的解决方法很可能比我们的方法更加有效;他认为哲学就是解决方法。他那个时候提出的解决方法是宗教和关于过去的神秘主义与浪漫主义的多种形式,以及一系列对于压迫和独裁主义的政治应对措施。但是黑格尔催促我们遵循批判理性主义一直到它的自然尽头:哲学可以帮助我们通过理性看透这些对立和二分法,去调和出现在生命中的矛盾。哲学不能使这些紧张局面完全消失,但它可以培养理解让我们与世界和解,鼓励我们开始询问关于它的正确问题;而这些是前提。黑格尔认为这是为了用持久和令人满意的办法改变世界。

黑格尔早期作品如此重要的主要原因是它们展示了他的观点是如此的实用、深入和经验丰富。他深受18世纪末期相互交叉的欧洲文化的影响,想要找到一个方法来克服已经出现且有很多形式的分离。他相信现代社会里存在一种统一与和谐,但正如他所说的一样,只是作为一种"差异统一"。他寻求启蒙运动和浪漫主义、理性和信念以及个人和社会的综合体。他知道这个综合体不是理智直觉或者词不达意的情感的简单结果;它得是一个拥有内部结构的统一体,在他的早期作品中,他开始构思这个结构就是理性,作为这个世界的理性显现。

第二章 黑格尔早期作品：战胜分离

黑格尔的早期作品显示了会陪伴他今后职业生涯的看法，给黑格尔的学生提供了最好的解释，使他的整体观点变得有意义。

一般认为黑格尔的"早期作品"是在1807年《精神现象学》出版之前他完成的所有作品，包括了他在伯恩（1793—1797）、法兰克福（1797—1800）和耶拿（1801—1807）写的文章。他首部出版的作品是在1801年，名叫《费希特及谢林哲学体系之差异》（现在被称为"差异散文"）。然后他搬到了耶拿当一名家庭教师，还跟谢林一起做《哲学批判学报》的编辑。比差异散文还早的作品并没有在黑格尔有生之年得到出版，一直到了20世纪早期才受到黑格尔学者的关注。这些主要作为片段的作品被称为《德国早期唯心主义的系统方案》（1796—1797）、《爱》（1797—1798）和《一个系统的片段》（法兰克福）。在这个时期，黑格尔致力于完成差异散文的同时，他也在思考政治问题，写了未出版的《德国宪法》（*The German Constitution*，1797—1801）和已出版的《自然法》（*Natural Law*，1802—1803）。

也有一系列的散文和片段是关于宗教，尤其是基督教。《基督教的实证性》（被称作"实证性散文"）的手稿是黑格尔最初在伯恩完成的，只是搬到法兰克福之后他继续修改，但从未出版。黑格尔在伯恩的时候完成了散文《耶稣传》（1795），在法兰克福的时候完成了《基督精神及其命运》（1799）。这本《基督精神及其命运》是其实证性散文的部分修改。在耶拿的时候，黑格尔出版了一篇《信仰与知识》的文章。

在这些早期的作品中我们发现黑格尔第一次竭尽全力在克服现

代世界所特有的分离的主要形式:(1)一边在批判康德的过程中重新定义"理性"的自然性,一边抓起他所认为是"绝对"的整体;(2)发展了爱的理论,为他影响深远的关于共识的观点奠定了基础;(3)他有力地批判基督教,之后贯穿在《精神现象学》中关于"不高兴的意识"的分析,他对于"精神"的理解也是在这本书里;(4)分析都能识别现代社会结构挑战的"精神"和文化,为独一无二的现代"伦理生活"概念制定议程。

第一节　对哲学的需要

在世纪的转变之际,黑格尔正在理解和意识到统一、整体和完整。他将统一这个观点称为"绝对",跟荷尔德林和谢林一起分享这个观点和它的实践,某种程度上依靠浪漫主义和启蒙运动的影响表达它。这个思想的出现是来应对欧洲的文化和政治潮流,这些潮流似乎给人性和世界之间提供了一系列长久的联系。现代科技已经改变了我们关于自然的看法,从原先的我们觉得不可分割和深受影响,到现在的为了自己的目的可以控制和掌控。宗教意识形态也受到了质询和挑战,不再是人类行为和处理事情的绝对向导。关于个人权利与国家权力相关的观点也在加强,让人们更加觉得他们首先是作为个体存在,跟别

第二章 黑格尔早期作品：战胜分离

人并没有联系。

这些文化潮流的每一个都授权给人们，至少是在原则上让人们自己能做决定，过自己想过的生活，不受自然的强行干扰，不受武断的政治或宗教权威的挡道。但同时，这些流行的文化转变也意味着疏远，因为我们并没有从传统的意义源泉中离开，没有任何清楚的指示表明它们是否需要被替换，就算有，哪类的替换物是可行和值得的？

为了应对传统意义源泉的丢失和这个世界已经变得不再迷人，荷尔德林和其他浪漫主义诗人与作家都在探索统一和整体的隐喻。他们认为我们必须用一种新的方法接受统一，用统一人性（"精神"）和自然来改变我们的语言，从自然中克服我们的分离。如果传统的宗教形式已经在启蒙运动的详细审查下跌落，留下一个仅仅只有人类事件的现实世界，那么我们必须用一种新的方法精神化或神圣化世界。如果现代精神对待我们如同单独原子的集合体，让我们从彼此中分离，那么我们必须转向传统的群体和团结一致来保留彼此间的联系。浪漫主义认为解决所有分离形式的方法是在诗歌、艺术、民间宗教、直觉和激情中找寻答案。实际上，那个时期的浪漫主义者在和启蒙主义思想家激烈地争论，因为启蒙主义思想家反对理性主义、理智主义和哲学。

我们一定要知道，虽然浪漫主义和启蒙运动之间的对立面很容易被夸大，但最好是将这些似乎是对抗的潮流看成是一个硬币的两面。当然每股潮流都可以在欧洲不同的时期和地方兴起，都很容易受到夸张的修辞的影响，但总体上讲，它们都是欧洲对于现代性自我认识中的一部分。当然，黑格尔在他的哲学中对这些潮流的两面都做了解释，而且他对自我调节的动态性很感兴趣，而这种对立又矛盾的动态性是出现在欧洲人对于现代生活中分离、分散和疏远的反应里的。甚至在黑格尔早期的事业生涯中他就已经声明，要坚决效忠于启蒙运动的理性主义。他和谢林都认为统一的观点对人类理性是十分必要的，哲学应该在理性中寻求统一和整体；但由于黑格尔并不是越过浪漫主义简单地支持理性主义，因此他需要重新定义理性，而不是采用传统的解释，因此他的理性含有统一。

重新理解理性的自然性达到解释统一的目的，某种程度上是黑格尔在《德国早期唯心主义的系统方案》《爱》和《一个系统的片段》中的主题，特别是在他的差异散文中更是重要主题。黑格尔认为如果哲学缺少对统一的表达那么它就不是真正系统的哲学。康德渴望将自己的哲学系统化，但缺少这样一个目标，正如黑格尔和其他哲学家重新定义系统化的标准，将统一这一新的思考和对整体的推力囊括其中一样的目标。反正黑格尔这一代面临着如何处理后康德主义思想的问题，因为康德留给他们一系列的，无法令人满意且非系统性的二分法：现象和"实体"、自由和必要性、主观性和客观性、理性和信念以及思想和身体。在差异散文中，黑格尔提及谢林和费希特试图尝试完成康德体系，想要了解后康德主义思想的下一步。这个情境中主要的二分法是在现实主义和理想主义之间的，黑格尔认为，只要唯一可识别的移动是在二分法的一边或者另外一边（要么是现实主义反对理想主

第二章 黑格尔早期作品：战胜分离

义，要么是理想主义反对现实主义）上确立了首要原则，现实主义者和理想主义者就不可能不争论。

黑格尔认为康德哲学存在的问题是它从来没有超越"知性"（Verstand）去探索"理性"（Vernunft）可能有的综合性。黑格尔认为这些是专门术语，他用以下方法区别它们：知性是我们将现实分割成可操作部分，做出区分以及用抽象思维去思考的能力；而理性是将所有看成整体的能力，需要超越对抗和二分法。虽然"知性"进行着必要且有用的工作，但黑格尔很清楚，他认为，我们需要做出区分，这样才能理解这个世界发生了什么，同时明白用这种方法认识现实是积极且富有创造力的行动。实际上，如若没有"知性"，留给我们的便只有神秘主义、迷信和对于现实相当微小的理解。但在"知性"完成其工作之后也不能停止，由于自己的创造，我们冒险遭受苦难：关于"知性"的基础二分法试图延长它们的有用性，文化实践和机制会使它们变得僵化，最终削弱生命的统一性。

黑格尔也认为在发达社会里对哲学的需求会自然地提升，这可能也是差异散文中最有趣的部分。因为任何社会发展所需要的智力智能很多都是"知性"中的东西，会产生一系列倾向僵硬和僵化的区别，所以才会有对哲学的需求。这些社会会步入沮丧的氛围，因为它们试图用这些僵化的区别来理解自身和这个世界，所以无法理解有机整体，进而走入僵局。这些沮丧会导致分裂，使整个文化环境变得杂乱无章，黑格尔认为只有哲学才拥有解决这个僵局的工具。基于"理性"

的哲学除了"知性"外，能显示统一性，能显示藏于明显对抗之后的生动联系，还能产生新的构想来回答社会形成的基本问题。

值得注意的是黑格尔并没有提倡产生哲学统治阶级，这些人声称完全理解现实，并将自己的发现传播到其他不幸的群体中去。黑格尔所假设的是社会有一套基本的关心和兴趣，在追求这些之时会需要一些对于世界集体的自我认识和理解。在集体反思的实践中，这些社会一定会运用语言、概念和区别等。如果这些区别变得僵化，它们会修复制定问题的方法，对于未来可能性的理解，等等。黑格尔认为，哲学尤其擅长指出什么东西对于什么最重要，将二分法设定在社会自我认识的中心，以及在面对主要分裂的时候，着眼于"绝对"整体，重构基本价值和问题。

在后康德思想中，典型的做法是修补主观主义——客观主义分歧和工作中一个方面；但黑格尔却对能让主观主义和客观主义恰好平衡的观点感兴趣。因为黑格尔认为康德哲学跟欧洲文化以及新兴的现代性潮流联系在一起的，不管是在康德哲学中的"理性"的哪个层面找到统一性，都跟解决欧洲文化对抗的统一性紧密联系。

这些都是哲学上的大话，黑格尔早在证实这些大话之前就考虑过它们的逻辑性。但是，他的确提出了合理的问题，而这些问题也会继续占据他的事业生涯。如果"理性"在对抗之后寻求统一，那么统一是不是已经以某种方式在那里等着被发现？或者统一就是理性所产生的东西？如果没有倒回到区别和"知性"的语言，我们又如何讨论

"整体"和"全部"？我们又如何说明这个构想下的"理性"不仅仅是神秘主义的一个新版本？

第二节 爱和认识

康德的哲学并没有提供任何方法来调和或者统一主体与客体之间、知者与世界之间的对抗。黑格尔首先开始塑造他对于这个问题的解决方法时，两个主要思想引导着他：第一个是谢林的观点，唯一前进的方法是通过自然哲学，在有机发展的过程中将主体和客体包括在内，从而超越两者之间的对抗；第二个是荷尔德林的观点，他认为费希特的看法过于主观，假设一些知者都经历了一个分享的世界才是可以通过主体与客体之间对抗的唯一方法。

黑格尔开始在他未出版的作品《爱》中陈述了这些观点。《爱》描述了统一能存在于彼此相爱的两人之间，而且这样的统一类似于主体与客体的统一。他还在《自然法》和《道德生活系统》（*System of Ethical Life*）中修改和发展了这个框架，希望能容纳包括认识论、道德和政治在内的问题。在这里黑格尔开始谈及相互主体认识、"精神"和"道德生活"，这些都对《精神现象学》和他成熟的思想极为重要。

黑格尔认为，在一段真正的感情发展中，我们可以找到主体—客体统一性,因为每一个人都会从对方眼中看到自己,即使是一种依赖或者限制,他或她也会接受这些。当一个人爱着另外一个人的时候,某种程度上这个人会吸收对方的兴趣和思想作为自己的东西;这就是自我的一个扩张,但一个人拥有这个的同时脆弱也会增加。爱人(主体)和被爱者(客体)会组成一个统一体,会递归地决定在这个情境下彼此是如何思考"自身"和"别人"的。

但黑格尔也认为爱的统一体包含了不统一和差异:爱人是拥有不同的躯体,分开的(至少部分是难以捉摸的)思想以及独特的个人历史。因为爱人皆为人类,他们终有一死,保证了最后无法改变的独立;没有人能分享对方的死亡,统一体也不会存在于生与死之间。黑格尔认为这恰好解释了为什么爱似乎一直在追寻永生,抵抗这最顽固的独立。有趣的是,黑格尔认为孩子的存在就这些考虑情况来看有其独特的地位:小孩的出生,是其父母统一性的表达,因为孩子是一个单独的个体,所以不能被分解。

在对爱的分析中可以发现黑格尔已经试图展示一个统一体、同一性或者整体性不需要是一个空白或者没有理由的参考;爱是有结构的,一个关于冥想的动态结构,将两个人组成一个功能统一体,允许彼此继续协商自我的界限。这个爱的结构或者理性会有"不成熟"和"成熟"统一体的状态、依赖和独立的动态、自我牺牲和屈服的时候以及自我发展和授权的过程。爱需要两个人,但爱的复杂结构会将两个人变成一个单一的有机体。

第二章 黑格尔早期作品：战胜分离

黑格尔特别讨论在现代化中爱的关系，所以他假设一个人处于爱的关系中，他或者她会内化那些塑造世界意识形态、机制、政治和雄心的区别。比如说，黑格尔认为私有财产的机制使我们从彼此中分离出来，因为这个机制人为地强调个体。如果这个太深刻或者是僵硬地内部化，那么在爱的关系中的人们就会继续认为他们的财产和身体是私人财产，爱就可能不会存在。财产及其拥有权既然是现代社会的基本特征，但只要有爱存在，生命就会因它改变，因为至少在这个关系的情境下，所有的区别都会变得讽刺。都会当成部分和虚假。在这个程度上爱让我体会到了世界作为一个整体是怎样的，它教会我们关于现实的一些基础的东西；黑格尔甚至认为爱"完全破坏了客观性"（**L31**）。

在《自然法》中，黑格尔参与了关于自然权利基础的争论，他认为不管是先验理论（康德和费希特）还是经验理论（霍布斯和洛克）都不正确。黑格尔认为两种理论都失败了，因为它们缺乏概念资源讨论作为整体的社会；它们开始于一系列的假设，认为个人是权利的搬运工，被困在个人主义的偏见之中，不能描述最高的人类利益和最深的规范标准结构是如何植入于作为整体的文化之中。黑格尔坚持认为如果我们要恰当地理解权利的自然性，一定要采用"精神"和"道德生活"思想。理解文化、规范性和现代化等的自然性也是如此。

黑格尔已经简单地探索了爱是克服原子论和抓取整体的关键这一可能性，但在《精神现象学》之前的年月里，他将重点从爱上转移。黑格尔认为爱也许并不能最完美地克服主体和客体之间的对抗，因为爱在我们的自然渴望中如此地根深蒂固，只要这个世界存在性别不平等（19世纪的欧洲的确存在），那么男人和女人之间就不会真的存在平等关系。黑格尔将会继续思考爱在一个人的私下生活中对其的自我发展十分必要，但在那些跟《精神现象学》密切相关的草稿中，黑格尔就主体认识这个方面重新描述了我们和其他人之间的基本联系。

虽然关于认识的最终说明出现在《精神现象学》中，但它基本的结构在那些与这本书有关的草稿中已经变得很清晰了。黑格尔区分了可能出现在自由和平等的人中的认识（可以称之为"纯正"或"共同"的认识）和出现在某些方面不平等的人中的认识（"不纯正"的认识，黑格尔之后称之为"主奴"辩证法）。他也探索了在公共领域如何通过制度化和法律巩固认识关系的方法。在这些早于《精神现象学》的作品中，黑格尔也开始构思他对于"道德生活"的想法，表明了一个社会中认识关系里的整体性。在"道德生活"的关系中，也是通过这些关系，每个人都变得自由，走上自我发展的道路。黑格尔对于"道德生活"的看法在《精神现象学》中也将继续得到发展，随后在《法哲学原理》中变成黑格尔政治哲学里关于差异统一的主要形式。但要注意的是，在这一点上黑格尔完全脱离了康德。我们可以回想起康德的道德理论是基于那些普遍、非历史和从文化特殊性中脱离出来的声称；而黑格尔的"道德生活"思想是将历史、政治和文化放置于我们对于道德伦理的思考的中心。

第二章 黑格尔早期作品：战胜分离

第三节 上帝本身已死

　　黑格尔早期作品中很多都是关于宗教的，鉴于那时他花在神学院的时间，这一点也不奇怪，他对宗教中的哲学问题感兴趣，关心宗教，把它当作现代欧洲文化中的一个基本特征。黑格尔对于基督教的看法尤其复杂和不易察觉，也很难找到他在这方面的踪迹；任何对于基督教是如何顺应他的哲学思想的解释，都要说明为何黑格尔在他出版和未出版的作品、演讲和信中非正统地使用类似于"上帝""精神"和"神"的词汇，以及做出关于基督教一系列不一致的评论。但不管是那时还是现在，黑格尔的很多读者都极度渴望知道他是否就像描述的那样是一个基督教徒，或者一个泛神论者，或者一个人道主义者，或者甚至是一个无神论者。实际上，准确来说，19世纪在黑格尔信徒中引发的争论导致了一个主要的分裂，一批人觉得他是一个持保守政治观点的基督教哲学家（叫作"右翼黑格尔信徒"）；另一批人认为他是一个持有激进政治观点的人道主义者和无神论者（叫作"左翼黑格尔信徒"）。虽然过去一个世纪关于黑格尔的学术作品已经解决了这方面的一些问题，这仍旧是在众多评论者中很热门的一个关注点。

　　但若将黑格尔早期的作品作为一个整体，它们对基督教是持批判态度的，预测了多年以后路德维希·费尔巴哈、卡尔·马克思和弗里德里希·尼采会如何评论基督教，而且这些早期作品中主要的批判观点会一直贯穿黑格尔的哲学生涯。在宗教方面，值得指出的是黑格尔（非尼采）是第一个宣布上帝的死亡，并因此闻名；在《精神现象学》中黑格尔认为从耶稣被钉死在十字架后，"上帝本身就死了"（PHG§785），因为，如果没有耶稣这个形象所提供的关于上帝和人性之间的深思，人性就会遭受分离、疏远和绝望。当然，多年以后，在他的《宗教哲学的演讲》（Lectures on the Philosophy of Religion）（1821—1831，黑格尔在柏林传达了四次）和在《哲学科学百科全书》的第三部分（《心智哲学》The Philosophy of Mind）中，他也将会写到现代的基督教实际上的确能捕捉到这个世界真理的一些部分，而且比其他的现代宗教要更有效率；但他仍旧保留批判观点，所以认为他拥有正统的基督教哲学家的特征，甚至将他描述为一个基督教哲学家肯定是错误的，因为他的观点跟今天大部分的基督教形式还是不相兼容的。至于他本质上是否推崇泛神论，人文主义或者无神论则是另外一个问题，最好是根据他成熟的作品提出来并找寻答案。

但如果要在黑格尔早期作品中找寻有关宗教的东西，以下作品需要我们去阅读思考：《耶稣传》（于1795年在伯恩完成，但从未出版）、《基督教的实证性》（初稿在伯恩完成，在法兰克福修订，但从未出版）、《基督精神及其命运》（1799年在法兰克福完成，但没有出版）和《信仰与知识》（在耶拿完成，于1802年出版）。在《耶稣传》中，黑格尔认为（过时地）耶稣所教授的理性核心是康德的道德伦理观：真正的美德是通过自由并理性地行动，以及自主受道德原则需求的支

第二章 黑格尔早期作品：战胜分离

配所习得的。但黑格尔认为在早期的基督教阶段，这个理性核心丢失了，取而代之的是权威主义。原始康德主义中耶稣的堕落很大程度上是由于历史情况和大部分人们在那个时代所能理解的局限性造成的，以及它是如何促使早期对基督教的传播。黑格尔觉得早期基督教是在崇拜耶稣个人，关注点放在耶稣话语和他本人的内在权威性上，而不是他所支持的理性原则。

关于这点的发展，黑格尔非常同意康德的道德精神，想要保留康德关于人性尊严的理性想法：因为我们是自由且理性的生物，所以在世界上有独特的道德地位。但是康德已经远离正统的基督教，捍卫"唯智主义者"关于上帝意愿的思想，人类理性是上帝自己形象的反思，每个人都要培育它，这样我们才能理解和接受道德法则。在18世纪的争论中，这个"唯智主义者"的思想将会跟"唯意志论者"的思想形成对比，唯意志论者认为上帝的意愿通过自己内在的权威在道德上是正确的。据黑格尔的解释，实际上耶稣是一个理性主义的哲学家，持"唯智主义者"关于上帝意愿的思想：我们可以通过理性知晓道德法则（上帝的假设意愿），通过自我规范来约束自己（而不是通过上帝的命令）。

黑格尔认为那时的基督教本可以传达自己的理性核心，但它并没有在理性的基础上确立自己的权威，而是转向其他权威资源，比如拥有非凡魅力的耶稣，上帝的意愿、奇迹、教条、礼节以及任何法律和政治机制，用宗教法则强迫人们顺从。基督教呼吁这些额外的理性且任意的权威资源就是想让基督教成为"正确的"宗教。早期基督徒们依据权威主义行动，他们实施出来的正确性，正如康德说的一样，是"他律"代替"自律"；康德认为"他律"的行为没有道德价值。但黑格尔觉得早期作为个体的基督徒不需要因为这个而受到诘难；他反而认为在那个时候权威主义是很有必要的，因为自从希腊和罗马帝国崩塌之后，人们变得越来越脆弱，甚至是乐于接受他人的统治。

在实证性散文中，黑格尔认为实际上基督教已经变得正确，但他仍在思考这个问题，就是基督教是否能成为一个真正的"人民的宗教"。黑格尔认为的"人民的宗教"模式是古希腊式的，特点是一个现世的宗教，无法从政治和国家中区分出来；一个真正的人民的宗教承认个人与集体拯救、个人与群众美德或者私人与公共事务之间是没有区别的。一个现代的人民的宗教拥有这些特征，但也是基于理性的，并通过社会组织的所有层面表达出来。但黑格尔认为基督教有太多的个人拯救的叙述，向人民灌输迷信思想让他们去注意来世；结果就是人民脱离了政治，对自己社会的历史一无所知。发生在罗马帝国的恰好是这些，人民变得越来越在意自己的私人和个人事务，内心充满对死亡的恐惧，根本无心参与政治。脱离了政治使得他们更容易受到控制并且去接受权威，对死亡的恐惧也使得他们接受关于来生的迷信主张。

但在《耶稣传》和实证性散文中，黑格尔的观点不仅仅是基督教丢弃了它的理性原则；他也认为基督教的教诲实际上削弱了美德

第二章 黑格尔早期作品：战胜分离

并且与之竞争，他是通过将耶稣与苏格拉底进行比较后论证这点的。黑格尔的观点是相反于权威之帝——耶稣，理性之帝——苏格拉底是人民的宗教的理想领袖；苏格拉底通过教会人们接受理性和自由思想来赋予他们权利，而耶稣却将人们当作小孩子，告诉他们要接受权威。但黑格尔并没有阐述清楚基督教是否要被改革或者被取代；它的权威主义渗透到了所有实践当中，它在欧洲文化中的地位似乎也是牢不可破。

在《基督精神及其命运》中，黑格尔认为在可预见的未来中基督教仍旧存在，并不是因为它比其他的异教拥有更好的思想，而是因为一系列的历史事件加固了它的文化地位。所以，他对于耶稣采纳了一个更传统不过时的解释，将他比作爱之师，而不是理性之师。在《爱》这部作品中黑格尔也说过类似的观点，但这里耶稣是传递爱的人，爱的内容是信仰。黑格尔也只有在《基督教精神》中提及爱和信仰可能要高于理性，这也是唯一一部理性为神秘主义让路的作品。因为这些主张黑格尔似乎改变了他对基督教的看法；不管《基督教精神》的真正意思是什么，它的确与黑格尔其他的早期作品不一样。黑格尔所接受的神秘主义在那个年代是一个惊人的逆转，随后黑格尔很快就抛弃了它并且再也没有提及。

关于这个片刻逆转的最好解释可能就是它是黑格尔的新观点——推测解释学的一个实验。他的推测解释学需要一种可悲的解释形式，社会实践是它的客体，它要考虑参与者的内在观点来识别要点或者结尾。在意识到基督教太根深蒂固以至于无法改革或移除时，黑格尔试图不通过在《耶稣传》中陈述的"外在"批判，而是通过接受在实践的基督教徒的观点来找到"真实中的理性"。但当他这么做的时候，他便不再思考以后会出现在《精神现象学》中的权威和幼稚化；这个塑造了黑格尔称之为"不快乐意识"的观点至少在实证性散文中严厉地批判基督教（PHG§§207—223）。"不快乐意识"是人类和上帝分离的结果，人类是被认为有限、不完美、无力和生命有限的，而上帝是无限、完美、万能和永生的。因为基督教徒们内部化了这个对抗，他们试图转向自我厌恶，毕竟跟上帝比起来，他们的一生是多么的可悲。因为他们对自己的评价螺旋式下降，因此要去发现和渴望神的那些完美的冲动被加强；宗教式的思想和行动，以神的名义自我牺牲等都表明了这种冲动。随着时间的流动，内心对于"不快乐意识"的挣扎引向了对自我整体的否定，以及为了自我发展的目的无法使用理性和批判性反思。在这一点上，宗教信仰者很容易被尘世的权力所屈服和操控，尤其是那些展现出神的力量的人。

《信仰与知识》是黑格尔早期作品中最后一部关于宗教的，黑格尔把他在实证性散文中的所有关于宗教的看法汇聚在一起，评估文化和现代国家的自然性。《信仰与知识》主要批判康德、雅可比和费希特的哲学思想，但比这更有趣的可能是黑格尔陈述问题的普遍方法：19世纪一开始欧洲文化的特征是基督教的出世观和启蒙运动中科学世界观的入世观之间的对抗，准确来说这个对抗就是在那时哲学体系中得到概括的裂痕。这个裂痕是黑格尔在差异散文中所想象的例子，二分法会在文化中生根然后僵化，接着引起各种浩劫，只有哲学用"理性"代替"知性"，才能帮助人们用不同的角度看事物。

第四节　疏远、群体和国家

我们可以在这些早期作品中看到黑格尔对于现代生活的分离、破碎和疏远做出的反应，首先呼吁哲学诊断现代世界的结构特征，尤其是在这些结构特征里能产生对抗甚至是裂痕。在康德的哲学思想中可以明显地发现其中一些对抗，比如说，出现在现象和"实体"以及自由和必要性之间的对抗，但黑格尔认为这些相同的对抗也有宽泛的文化显示。最基本、最流行的显示是在启蒙运动价值和宗教价值，以及理性和信仰之间的。我们也可以看到黑格尔在思考关于爱、宗教和神秘主义潜在的解决方法，但因为他开始构思自己独特的思想所以随后就拒绝了这些。当他开始思考眼前的这些基本问题时，对于理性的看法、主体认识、"精神"以及"道德伦理生活"都产生了。个体是如何综合自己与他人的兴趣和想法的？"精神"和文化之间最基本的联系是什么？"道德伦理生活"是如何根据理性分析的？这些问题都能在现代国家里解决吗？

从黑格尔出发
Starting with Hegel

在1797年,黑格尔就已经开始思考现代文化的问题,以及现代国家是否能有效地处理这些问题,也就是他开始写散文《德国宪法》的时候。虽然这篇散文是主要关注法国扩张的政治和军事问题(那个时候法国吞并了美因茨),虽然黑格尔从没发表这篇文章,但它包含了一些重要的哲学观点,是关于现代国家自然性,"文化""精神"和"道德伦理生活"之间的关系。与其他在《精神现象学》之前的作品放一起,很清楚地可以发现黑格尔已经在发展自己的叙述,叙述对现代文化涉及全系统的不满意和由此产生的"精神"形式。他特别地认为德国不是一个真正的国家,因为它没有每个国民都能认出的共同的项目,因为它没有一个复杂的、且能让其国民找到自由的机制结构。一个真正的国家必须捍卫国民的权利,有自己的宪法,以法治国,还得有民主代议制。

在完成《德国宪法》之后的数年里,黑格尔一直致力于起草《精神现象学》,他继续思考现代国家的整体形式,尤其是在现代国家里从启蒙思想的普遍性和典型小镇生活、文化与宗教的个性之间的紧张局面中产生的疏远。他也关心自由市场的影响,我们需要它来保障个人的自由,但同时又是有害的,因为产生富有和贫穷无法避免,而这又会逐渐削弱法治。黑格尔认为,那时现代欧洲文化的特点是理性和信仰之间有根深蒂固的对抗,而且他觉得德国没有能力解决这些破裂。并不清楚教化是如何在这些条件下恰当同化人民,而且似乎这些生效的教化也只能用来重现这些裂痕。这些文化基础裂痕的哲学协调

第二章 黑格尔早期作品：战胜分离

是教化起恰当作用的前提，但也可能只有少数有修养的能处于首先影响这个协调的位置。

在思考破裂的文化中自相矛盾的困难前，我们应该理解黑格尔关于疏远的观点，以及它在理性化的"道德伦理生活"中是如何被克服的，而且这样的生活是基于无主要对抗的文化领域。首先，疏远这个词在德语中有两个对应的单词，即异化（Entfremdung）和外化（Enäusserung），它们之间有区别。虽然两者都是翻译成"疏远"，但异化是指个体和他的世界之间的距离、怪异和分离，外化是指一种有意或者故意的投降或者放弃。外化能最好地捕捉到教化的必要动力；实际上，个人能理解教化的过程，例如在这个过程中他通过外化改正了异化的问题。在这个情境下，要"投降"的是个人原子上的自我认识，是他想象到的从其他人和社会中分离出来的状态，是他所在的文化。黑格尔的观点是一个人在更广阔且构建好的情境下，能做出易懂的行动和目的越多，在"道德伦理生活"中感受到的完整统一就越多。如若他不能搞清楚自己的行动和目的是如何适应这个世界且它们是"自己特有的"，那么他就会在异化的意义上经历疏远。但要想这个理想化的"道德伦理生活"被实现，那么这些个体一定要能明白自己的行动是特有的，与此同时，他们必须能识别公众共同享有的目标，这些目标在社会作为整体的层面上表达了一些统一性。

回到伯恩，回到黑格尔在写《德国早期唯心主义的系统方案》（1796—1797）的时候，他似乎在考虑一个破裂的文化是不能单独地通过理性和哲学被调和：如果人类想要了解这个世界及他与之的关系，需要充满激情的理性神话的推动。仍旧深受荷尔德林的浪漫主义思想和谢林《信》(Letters)的影响，黑格尔提出一个美化的理性，产生了以及类似宗教的神话，但不是基于迷信或者权威主义，而是基于理性。这个新神话的代言人将是哲学诗人，他们既与有见识的人交谈也与普通人聊天，当人们变得更理性的时候他们会十分愉快。黑格尔也在《爱》中提到这一点，他认为爱的差异统一不能单独通过知性或者理性的权力而获得；肯定还有感受、激情和欲望。黑格尔在这一点上的想法表示了"精神"将会在已经克服对抗的文化中出现，并支持全人类的发展；一个美化的理性神话将会引导人类通过自己的综合发展实现"道德伦理生活"。

但在《精神现象学》出版前的时间里，黑格尔就已经抛弃了这个浪漫主义观点。在与后来《精神现象学》紧密相关的草稿中，他就已经开始将艺术和宗教归到哲学中，思考用这些术语对破裂的文化进行分析。他需要说明个体是如何在这个世界塑造识别的观点，一个说法是当认识到这个现代社会的不透明性、可能性和复杂性的时候，他们会捕捉到人们所面临的困难。他开始从不能处理与整体的公共财产和利益相关的社会认同方面出发，思考疏远（异化）。在这个想法上，仅仅基于共享的文化与语言实践上的集体活动是不能克服疏远；更确切地说，一个人必须能确认同一性是有关政治的，与公众利益有一个更容易理解的联系，而不是他仅仅在集体活动中找到它。现在黑格尔

第二章 黑格尔早期作品：战胜分离

思考的是，教化的过程将会使这些策略变成主体认识的一个间接版本。特别是公民社会重要并且规范的特征是个体能够通过市场中的交换意识到其他每个人都是完整、自由且理性的代理人，他们在公民社会其他的制度下分享着更加实质的认识类型。

在这些早期作品中，关于现代国家和疏远的问题黑格尔问得比回答的要多得多，他仍旧确定在没有削弱他对现代化和启蒙运动价值观的基本承诺下，可以把浪漫主义思想推动到什么程度。可能再过十年左右，他的政治思想也不会彻底确定，但他已经在思考"道德伦理生活"和"精神"，使得他加入到各种争论之中，探讨关于社群、容忍、中立和多元化的当代政治哲学。一般认为黑格尔的政治哲学里包含很强的社群观，这听起来前现代化，或者至少跟今天的自由价值观有冲突，但这其实是一个严重的误读。在他关于政治哲学的作品《法哲学原理》中，黑格尔很明显就不是一个"社群主义者"，即使是在他最早的作品中，也显露出很多迹象说明他跟社群观点合不来，不过有趣的是，我们可以去探究一下他是如何表达这个观点的。

在这些早期的作品中，很显然黑格尔对任何压制个人公民和政治权利的社群概念是很不感兴趣的，也不接受不受法治限制的政府。在1797年，黑格尔还在创作《德国宪法》和《爱》，这个时候他就在思考作为"差异统一"的社群。当然，黑格尔和其他哲学家都在根据法国大革命以及它的余波来修改他们自己的政治观点，但在黑格尔思想中经常出现的一个观点就是个人权利的重要性。反正黑格尔对于拥抱个人权利是很坚决的，因为作为一个康德主义者或者浪漫主义者他能轻易地走到这个位置。他根据"有机国家性"思考这个问题，似乎隐含着强烈的社群观，但这是一个浪漫主义的政治理想，而且他的浪漫主义最关注的一直是个人自由。

还要强调的是当黑格尔开始分析自我牺牲（外化）和疏远（异化）之间关系的时候，要牺牲的东西并不是一般的个人，更不用说是个人自由了；要投降的东西是基于过于狭隘的自私自利观的原子化个人主义。但他的观点并没有得到完全发展，他关于什么可以当作"狭隘"的个人主义也还没有得到确定；但当他解释现代文化中疏远问题的时候，他发现的问题是并不清楚如何同时拥有社群和强烈的个人自由。他甚至没有考虑过过强的社群观可能会压制个人自由。

最终，黑格尔对于基督教的看法是跟社群问题挂钩的。他对基督教的主要批判是基督教是专制的，与关于自由和自治的理性的康德主义原则直接矛盾。他在早期作品中的观点也预期了《精神现象学》中的想法——"不快乐的意识"；早期作品中的观点是为了显示用所有可能的完美跟卓越的上帝取得联系，将会引导一个人走上一条令自己的生活和世界完全贬值的道路。黑格尔认为这种"不快乐的意识"的贬值会加快对个性的破坏。黑格尔对于基督教的批判，至少是出现在他早期作品中的那些批判，同样将适用于对社群的看法；如果社群已经发展到成为专制的代言词，黑格尔就会丢弃这个看法。

《精神现象学》：意识的满意和不满

第三章

外表出现和消亡并不是它自己而是"在它本身里"的出现和消亡,组成了真理的现实性和运动。因此真理是古罗马酒神节的狂欢,里面的人都是清醒的;但里面的人一旦退出,他就醉倒了,这个狂欢几乎就是透明又简单的休息。(PHG§47)

在费奥尔多·陀思妥耶夫斯基的小说《地下室手记》(*Notes from the Underground*, 1864)中,我们可以看到的思想来自一个聪明,但似乎又精神错乱的角色,他很严肃地看待一系列关于现代性、理性、自我同一性、意识、真实性、道德心理学、自由和责任的哲学问题。他说他经常从人事中抽离,花费数月去"地下室",因为他与别人的交流不是那么令人满意。但他在地下室的日子也开始变得无法让人满意,于是他又重新参与人性,希望能对事物做出不同的判断。地下人自我认识的一个重要特征是他对自由意志的稳定过程,他认为自由意志是成为人的本质。因为他觉得为了表达真正的自己,他的意志必须是自发的,甚至是反复无常的,所以他对企图削弱他意志自由性的任何外

第三章 《精神现象学》：意识的满意和不满

在因素都变得高度警觉。当他开始质问他自己意愿的自发性，并担心理性、科学、激情、文学和其他人都威胁到了他人性的时候，事情很快失去了控制。

陀思妥耶夫斯基（在脚注中）提到地下人代表的是现代个体的一个特定类型，意识的一种模式，可以说是拥有自己的外形轮廓，跟那个时代的历史和文化潮流相关。正如小说所描述的那样，我们可以看到地下人正在自我毁灭，他所有的病态，他的自大和不安全感，他无法爱别人等都是他自己意识模式的逻辑产物。他的问题并不是外力驱使的结果，而是他自我认识的内部结构造成的。结果是由于他对满意设定了自己的标准，以及他对自由的理解又是极度的狭隘，所以他从来没有得到过他想要的东西。所以陀思妥耶夫斯基没有给出直接的（外在的）看法支持他自己喜欢的关于自由和自我的想法，而是支持一个间接的（内在的）看法，表明同样一个特殊的想法是如何毁掉本身设备的。这会是一个非同凡响并且有效的论证方法，因为它运用的全部都是借来的前提；不过这的确也是一种"消极的"论证，因为它表明了只有一个特定的状态才会失败，也没有告诉我们哪个状态下可以成功；但它的说服力在于它能描述一个生动的哲学观点，将它引向绝望。

现在，想象一下，除了地下人的意识模式，其他哲学中的每一个意识模式（来自整个人类历史）通过诊断得出了自己的结论。再想象一下，所有这些模式都排成一列，从最简单和最容易获得的一个开始，一直到最复杂的那一个，而最复杂的那一个也会被默认为是最稳定和最让人满意的那一个。这就是黑格尔在《精神现象学》中的思想。

黑格尔的《精神现象学》试图描述意识的内在发展，从认识论、存在主义或者社会模式到下一个，直到能达到意识概念能完全解释它的经验。发展是"内在的"发展，因为意识从一个模式移到下一个它自身设备的模式；黑格尔的方法是"现象学的"，因为他试图从意识角度描述发生了什么事情，捕捉根本、主观且细致的经验。一个好的关于经验的现象学描述将抵抗观念的输入，以及对描述经验的外在批判；但这不应该是黑格尔想要对意识如何发展的解释，而是意识按照自己这样发展的描述。就像陀思妥耶夫斯基小说中写的一样，引导这个解释的东西是意识在其自身的概念无法对等自身的经验时所经历的沮丧。陀思妥耶夫斯基的地下人是一个有用的试金石，提醒我们不管黑格尔的散文多么的费解，他所说的并非神秘或者深奥；只是一个谨慎的哲学方法来看待一个来源于日常生活、普通但可信的想法。

接下来，我要谈的是：(1)解释黑格尔对于代替的看法，用《精神现象学》中第一个翻译作为例子，从"感官确定性"到"知觉"。同时，我也会提及从这个看法中衍生而来的一系列复杂的观点，尤其是他关于背弃代替的反语；(2)列举黑格尔理论中的纯正和非纯正的认识；(3)描述《精神现象学》中"异化精神"部分的细节和动态，这部分涉及文化和疏远，是从黑格尔早期作品中继承下来的思想；(4)最后，概括整本《精神现象学》，给出一个浓缩的版本，包括对最后一章关于"绝对知识"的分析。

第三章 《精神现象学》：意识的满意和不满

第一节 代替和黑格尔式反语

《精神现象学》是一部成长小说（一部描述主角成长、文化适应和自身哲学发展的小说），但主角是"意识"。这个主角一开始很奇怪，是没有实体的，但黑格尔想要"意识"有在历史中已经出现过并且在今天可行的普遍性，以便能获取关于理论、个性以及对个人和群体都适合的生活方式的各种类型。比如说，在《精神现象学》中，从历史的角度来看，对比如康德、伏尔泰等这些特定的哲学家来说，"意识"真的就是替身演员；在其他时代，"意识"可能代表一个普遍的理论模式而不是一个可识别的个体。黑格尔需要这个模糊性因为他认为关于思想的一般形式会在多样的情境下出现。他的主角将会通过一系列的阶段或模式成长发展，会获得新的名称："意识"变成"自我意识"，然后成为"理性"。这本书提及一个重要的过渡阶段，一直作为可信的个体的主角变成一个群体，一个社会实践甚至是整个文化：叙述的中心变成了"精神"，然后成为"宗教"。

虽然黑格尔的这个非正统的主角产生了一些复杂性，但排除这些，让我们关注从一个模式转变到下一个模式的时刻。对黑格尔来说，他所感兴趣的过渡是扬弃（Aufhebung）的过程，经常翻译成"超越"或者"扬弃";但最好的翻译可能是"代替",因为它避免了其他翻译版本中误导别人的含义。在《精神现象学》这本书的语境中,存在代替也就是说存在辩证的进程,在这个进程中关于自我、知识或者生命的解释一般将会被下一个解释所取代,在这些情况下后面的解释更好;后面的解释更好的原因在于它更好地解决了前面阶段固有的矛盾,或者是因为它与前面的解释比起来是一个更稳定、令人满意的解释,可以栖息和探索(PHG§§11—59;PH 54—79)。黑格尔认为代替也是一种"固定的否定",就这种意义而言,虽然一种意识模式会被"否定",但意识并不会就此困于空虚,反而能转向其他特定的方向,也就是说,新的模式比起那些已经被否定或者代替的老模式来,可能更加令人满意(PHG§59)。

正如陀思妥耶夫斯基的地下人表示的那样,黑格尔式代替是真的直观上合理的想法,能在平常生活中找到千千万万相似的例子。如果陀思妥耶夫斯基的案例似乎不是那么普通,那就想想孩子成为大人的过程,放弃幼稚、无知或者肤浅的想法,接受见多识广、有学问、令人满意或者深刻的新想法;所有小孩都会经历一系列的代替,在各个方面都反映了黑格尔的观点。但在关于小孩成熟进程的直观案例和《精神现象学》的叙述之间存在差异:黑格尔在哲学方面试图变得很严谨和系统,这样的雄心可能大部分的普通群众无法享有。他一开始关于意识模式的想法——通过自身的感受对世界有即时的了解,虽然实际上评论家经常认为它是"天真的经验主义",但对于大部分人来说

第三章 《精神现象学》：意识的满意和不满

似乎已经相当复杂。

黑格尔最初的意识模式至少在哲学上是天真的，因为它代表了被哲学新生当作常识的哲学理论。黑格尔称这个模式为"感性确定性"，它具有的特点是有相当难懂的认识论倾向：认为它对世界的感官经验是详尽、全面和权威的，是了解世界最丰富和最即时的资源（PHG§§90—110）。这个天真的经验主义对了解世界设立了标准，应该可以通过感官得到满足。但当它试图指出他或她应该拥有知识的时候，结果往往是很难让人信服这真的是知识。黑格尔这里的论点实际上就是对路德维希·维特根斯坦之后会说的预言，也就是说，不考虑语境（以及讨论语境将会引入不是来自感觉经验的概念）在任何情况下不可能指出什么是简单或者复制；天真的经验主义必须清楚没有"东西"能在不使用组成必需语境的共性的情况下被指出以及被认识（PHG§97；PI§§45—47,60）。比如说，一个人说"那是一把扫把"并认为这个物体——扫把能被即刻认识，问题将会是"那个"并没有立刻挑出任何东西。换句话说，"感性确定性"不能获取到符合自己标准的知识，因为它不能说出它拥有什么东西的知识，同时它避免了对意识是如何利用那些关于确认物体是物体，从更广的即时感性知觉汇集中区别物体的观点做出解释。"感性确定性"会以沮丧和崩塌结尾，黑格尔认为新的意识模式能解决"感性确定性"的矛盾，是一个能确认普遍性和第二性角色的模式（PHG§§111—131）。黑格尔称新模式为"感知"，它是"感性确定性"的代替。

从黑格尔出发
Starting with Hegel

黑格尔认为代替将被看成一种取消、保留和超越（ENCI§96A）。被替代的意识模式失去了曾经拥有的即时性和天真的保证；但因为新模式能真正地解决原先模式的矛盾，所以有一种观点认为原先的模式被保留了下来，它现在以间接的形式成为新意识模式的一部分。黑格尔还认为虽然倒退一直是可能的，但代替的意识模式只能在讽刺中开始（LHP 46）。比如说，恢复年轻时天真的观点是不可能的，尽管如此如果有人还是想试，只能说是错误的天真，是一种掩饰；在任何情形下，这种模式将是一种用古怪又讽刺的方法，反对自身经验的意识模式。在"感性确定性"中，一个人一旦确定天真的经验主义无法满足它为自己设立的标准时，他就需要去接受一个关于知识的思考方法，接受一套新的标准，这套标准的满意度将构成知识。黑格尔认为知晓普遍性的角色将是新模式的特点，将解决原先模式的矛盾。这个新模式当然有它自己的矛盾，需要被其他新模式所代替。

如果这个声称——代替的意识模式只能在讽刺中开始是黑格尔观点中有用的配方，那么不同的反语就要被区别开来。有三种反语：简单式、复杂式和倒退式。简单式反语在当代日常使用中是最普遍的反语类型，是指一个人所说的其实是相反的意思。比如说，因为技术困难，无法共同工作，以及乐谱带来的未预料到的问题造成了表演比较糟糕，但音乐家却会对别人说："这次演奏会相当地成功。"这就是简单式反语的例子，在语言表达中不是独立的，谈话者通过说反语掩饰了他想真正表达的东西。这个讽刺者并没有表达他想说什么，他的

第三章 《精神现象学》：意识的满意和不满

话还提供了一个面具，与他对话的人得去思考推测他留在面具后面的真正意思是什么。

在复杂式反语中，说话者既说了他要说的，同时也没说他要说的。对苏格拉底的普遍解读是他是个典型的例子，将复杂式反语实践化：当他指出"不知道一切事物"或者"他不是老师"时，这里有两层意思，因为他既表示的是他说的意思，同时也没有表示他说的意思。在对知识和教学普通的理解上，他的确表示的是他说的内容；但在他所捍卫的对知识和教学的哲学理解上，他说的内容不能表示他的意思。复杂式反语是一种特殊的交流模式，在这个模式中通过普通语言难懂或者特殊的意思得到交流；但对比简单式反语，所说内容的意识并不是简单的普通意思的反面，而是表示在使用通俗易懂意思中，能更深刻、更复杂地去理解这些术语。苏格拉底的例子非常地有趣，因为他拒绝解释他正在使用意思的两层方面，所以我们才有疑问，他是否真的使用了复杂反语，以及他是否坚持一个本质上特殊的观点。实际上，他正在把这个看法教授给他的听众。

倒退式反语类似于简单式和复杂式反语，因为它也是一种掩饰，表示除了明显存在的东西外还有更多正在进行的东西，但区别在于倒退式反语家并没有说或者辩论这个更大的东西是什么。倒退式反语认为深层次的东西藏于视野之内，但却没有承诺能表达出这种深度，没有保证能揭露任何东西。在意识模式的语境中，哲学思想、生活方式和倒退式反语仅仅表明战争已经打响并且确定胜利：一个人通过使用取代的观点"违背"代替,暗示他这么做是合理的,且有一个更大的构想能证明这种倒退是合理的。但倒退式反语家们并不知道这个更大的构想是什么。

回到《精神现象学》中关于天真的经验主义者的例子,必须要指出的是并不是所有天真的经验主义者都是平等的:那些没有将黑格尔所描述的现象学的反思和经验坚持到底的天真的经验主义者在各个方面都不具有反语性(他或她就是天真),但那些经历了替代,然后努力"回去"的经验主义者具有倒退式反语性。这个人并没有表明他或她说的是反面的意思,或者也没有试着通过形成天真的经验主义主张(虽然可以想象到一个使用复杂式反语来教授经验主义的苏格拉底式的老师)来表达难懂的意思。"回到"这个方向的人暗示我们得不到整个构想,这个构想包含正在讨论中的替代可能成为幻觉;但是自大又自满的倒退式反语家并没有做任何尝试来补充这个论点。反语家仅仅是暗示外面有这样一个论点,但没有提供任何东西来证实这个暗示。在真正天真的经验主义者和倒退式反语经验主义者之间还有一个区别:如果没有证实的现象学逻辑信息,外表和表达是不足的,会让人在后面的情境中看到反语。

倒退式反语是存在、内在和发展的。它跟复杂式反语一样是存在的,因为它远不止是一个独立的言语行为:它是意识的一种形式,一种生存和与他人取得联系的普通方式。在苏格拉底的解释中,他的复杂式反语远远不止是一个他偶尔会使用的语言把戏或者比喻;它定义

第三章 《精神现象学》：意识的满意和不满

了他所有的教学方法以及验证过的哲学思想。同时，倒退式反语家使用一种类似于黑格尔在《精神现象学》中描述的那种意识模式，也就是将那些关于知识、道德和历史等诸如此类的东西，定义为普通方向；倒退式反语并没有出现在那些先要谈及代替的语境之外。当然，倒退式反语是一种存在的意识模式，不仅仅是语言工具，不是排除语言中特殊的主张能变成反语，而是某种程度上使替代变得清晰。比如说，在《精神现象学》的"感性确定性"这一块中，黑格尔指出天真的经验主义者会意识到他无法表达他想说的，实际上语言驳斥了他或她所想的（PHG§63,97）。

第二节 纯粹和不纯粹的认识

德语词汇 Anerkennung，意为"认识"，黑格尔认为它指的是那些实际的遭遇，一个人通过这些授予另外一个人一种地位或者身份，也就是说，作为一个人和一个道德主体。这种被赋予的地位依赖于一种规范性的环境，在这里每个人都面对着彼此。黑格尔对于认识的解释表明了，假如将自我认同重新解释为主体间性的自我认同，那么自由就可能会出现在现代个体身上；一旦一个人获得了这种认知，讽刺的是（倒退的是）这个人就只能回到一个相对狭隘且断定的认知上去；

而且一个人通过认识会明白这样一个狭隘的自我认同是贫乏的。认识故事同时也在解释究竟什么东西能够自由,所以它既描述了个人是如何接受这样一个解释,也构造了这个解释中规范的内在隐喻。黑格尔认为纯粹的认识也是"精神"的基础和"我"的经历,这里的"我"是"我们","我们"是"我";但是在《精神现象学》中,意识并没有为此准备好;它只是稍微提及了"精神"的一点,就进入了主人和奴隶的对立中(PHG§177)。

在《精神现象学》里的一个重要过渡上黑格尔引入了认识,也就是说,他展示了所有为了获得物体知识的意识尝试是如何失败的,而这个知识可以作为一个正在理解、检视和观察的主体。不管有多少的意识尝试靠经验主义模式还是自然科学模式来获取物体知识,越来越清楚的是主体只能获取到自身概念的知识,这概念对调解主体想要获取知识的物体很有必要。随着个人主义获取知识模式的挫败,黑格尔认为意识将会使用新的、社会和实践的模式代替认识论的模式。所以意识是有机生活的一部分,是拥有多种实践欲望的生命体这样的观点被采纳了。意识不再寻找一个稳定的知识客体(黑格尔认为是传统认识论的一般标准),而是寻找本身内部稳定和确定的物体,真正是其源头和主人的物体。

当意识开始反思并想要找到一些稳定且确定的东西时,它只能找到这只是一个充满很多欲望的有机体,感受到这些欲望一定要在这个世界上得到满足(PHG§§174—176)。黑格尔认为如果意识声称是反

第三章 《精神现象学》：意识的满意和不满

对这些客体的，也只有在都是外部客体的即都是"别人"的世界里才能感到独立；这个活动产生独立感的原因是尽管欲望本身是模糊的，但这个欲望是反对那些认为有机构可以对欲望的倾向和焦点负责的想法。意识"否定"了外部客体，它会感到自己是自觉的且被赋予了权利；当它用这种方法将自己规划到这个世界里的时候，它对自己很有信心，似乎是在满足自己获得自由的目标。这种"否定"确实可以理解为一种破坏或者消费；这种欲望的意识通过消费这种行为引导它的那些欲望，给了它们一个外形。通过消费客体，比如吃掉一部分食物，意识很享受这种短暂的自给自足感，本身的机构排斥模糊的欲望和外来的客体。但这种被赋予权利的感觉只是暂时的，而且很快就会清楚这个原始的意识模式会一直处于模糊的欲望中，所以会一直寻找另一个客体来消费或者破坏；自身的满足不是永久的。

但如果意识碰到的不是"客体"而是另外一个意识体将会发生什么？打击意识的肯定是一个非常不同的情境，而意识的反应将会是以下两种方式的一种：一种是"纯粹的认识"；另一种是"不纯粹的认识"（PHG§§178—185；186—196）。前者的情境是主体间性理性的交互作用，既不把别的东西认为是可消费的客体，也不认为别的东西是处在自由个性的地位；后者的情境是退化的模式，在现代政治的安排能巩固纯粹认识的各种关系之前，认识在历史上注定会经常出现。

黑格尔认识理论的第一个形式——纯粹的认识包括了三个阶段或者时刻：一个人在认出另外一个好像自己这件事情上失去了自身抽

象的原子性；一个人从另外一个人那里征求承认试图自我恢复；通过相互认识两个参与者都恢复自我认识（PHG§179—181）。在第一阶段，意识仍旧处于不确定的欲望状态，因此还处在通过消费或者消灭客体来确保自身的自足性。但当意识遇到另外一个意识时，另外一个会被当作一个威胁：因为另外一个似乎是与自己相同的，而且能不能以不同的客体方式来消灭还不清楚，所以会引起威胁，欲望意识甚至不能短暂地确定这是自发的。因为不能通过塑造自身模糊的欲望来确保自己的机构，原来的自我意识就丢失并且随风飘逝了。

第二阶段是试图从另一个上面寻找承认的阶段，实际上另一个是拥有指导自身行动能力的代理人；第三阶段是相互授予地位的阶段，是相互或者纯粹的认识。在第三阶段，每一个意识允许另外一个回到它本身（因为在第一阶段中它们通过在彼此中观察自己被"他者化"）。如果这三个阶段都出现，两个个体都能得到真正的代理机构，都有可能获得真正的自由。通过相互认识，意识将另外一个意识当成自身的一部分，并非因为另外一个与自己一样，而是因为两个自我相互允许对方成为自己，都让彼此"自由"。纯粹认识的结果是个体开始意识到他或她自身是真正自立的代理人，不是因为他或她从根本上独立于其他客体和人，而是因为威胁不再存在；一个人被公认为是能确认和接受悖论的个体，这个悖论是指我们的独立就是一种依赖。

黑格尔关于认识的另一种解释形式——不纯粹的认识记录了当

第三章 《精神现象学》：意识的满意和不满

双方无法达成共识时，会发生的情况：每个自我意识试图从对方那里找寻认识，而没有一开始就授予对方认识。黑格尔将这个举动描述为"跟死亡搏斗"，因为，如果意识想要通过将另一个意识当成一个客体来试图让自己安心，那么它就一定要愿意在对抗中冒生命危险。跟死亡搏斗要么会导致一方的死亡，而且可能是事与愿违的，因为那时任何人都不能保证认识和允许意识逃脱渴望的沮丧状态，要么就是一方被另一方征服。在征服这个情境中，"主人和奴隶的对立"开始了，最终会导致"奴隶"服从于"主人"的认识。虽然这个认识只有在"奴隶"输了这场战役或者其不愿意用自己的生命去冒险的时候出现；另外，"主人"至少是最初，似乎赢得了一个重要的地位。黑格尔认为拿自己的生命去冒险，经历死亡的恐惧（"绝对恐惧"）非常重要，因为在面对死亡，一个人要去格斗，要失去与这个世界所有的联系，都是为了获得自由和自我导向的个体，而且认为这个目标是值得的。这种愿意拿生命去冒险就是愿意牺牲这些联系，就是示范自己不受这些联系的束缚。

讽刺的转变是指"奴隶"对于"主人"的认识并不是真正的认识形式，因为"主人"和"奴隶"是不平等的，即使是"主人"赢了，战胜了死亡，他也没有获得真正的认识。黑格尔认为"奴隶"通过工作，以及与这个世界的交流满足了"主人"的欲望，也逐渐获得了真正的自我意识："奴隶"通过满足他人的欲望从欲望模式转移到了真正的代理模式（PHG§§193—196）。实际上，这是"奴隶"一开始就决定的事情——不想冒生命危险继续维持与世界的纽带，它作为代理重新出现并发展成为一种成熟的模式。

黑格尔对于纯粹的认识的解释是概念上的观点，是指成为一个真正自由的个人，能识别自身行动、选择和结果，同时又能确认这些是如何与他人调和的个体。这个观点跟基于激进自由意志的自我决定的自由和代理十分相似，这也是隐藏在陀思妥耶夫斯基的地下人的观点。如果一个个体追逐的是激进的独立和自我决定，那么他或她就会感受到客体、其他人甚至自己任意的欲望都是独立的障碍；这个人会处于一个永远无法满足的状态，在消费对象中只提供最短暂的满足感，或者把他人视为物体。当然黑格尔对此的想法要早于陀思妥耶夫斯基的小说，但令人震惊的是黑格尔的解释预测到了地下人的经历。

第三节　自我异化精神

要想理解《精神现象学》中的任何一部分，第一步是领会正在讨论中的意识模式的起始点；必须要明白这个意识模式想要什么，它的假设是什么以及这些是如何转换到这个意识一直想要满足的具体标准中去的。这个"自我异化精神"出现在书中从个体意识主要过渡到社会意识之后，也就是说，黑格尔将意识看作"精神"，看作出现在历

第三章 《精神现象学》：意识的满意和不满

史中的社会情境意识形式。在"自我异化精神"这部分之前，黑格尔已经从希腊社会中追踪到了"精神"的发展足迹，是"即时性"的状态下个体将自身看作确立了规范秩序的群体的一部分。而在罗马社会，意识从生活的矛盾和困惑中撤退出来并缩入自身中。黑格尔认为，从希腊社会到罗马社会的转变是由希腊社会中"人"法与"神"法之间不可调和的矛盾所触发的；这个矛盾在索福克勒斯的戏剧《安提戈涅》（Antigone）中出现过："神"法要求安提戈涅埋葬了她的母亲波吕尼克斯，而克瑞翁所执行的"人"法却禁止这么做，这便激发了矛盾。这两个矛盾的社会看法并存于希腊社会中，一个基于传统的宗教和家庭职责，另外一个基于新兴的法治；这两个看法无法调和，最终"精神"采用了一个新的看法，它基于的是法律下的关于个人权利的条文主义观点。这个新阶段就是罗马社会，黑格尔称之为"法律社会"。

黑格尔认为罗马社会中对于"精神"的自我认识是基于其从世界中撤退，并在由罗马法律体系所支持的私有财产观点下重组（PHG§ 480）。但这也产生了一个新的问题，因为这种法律上支持的个人主义让人感到异化和原子化，想要与更大的群体有一些有意义的联系。这也是为什么罗马社会的"精神"在寻求方法进入文化领域，为个人产生意义，让他们与群体目的和共享价值联系在一起。《精神现象学》的这一部分很重要，因为出现在罗马社会的矛盾又重新出现在现代国家中；如若可以为我们这些现代问题找到问题，我们必须要了解这些问题是如何首次在古罗马产生的，它们是如何让自己结束的，以及我们当代的情形是否存在不同,为我们提供新的可能。

在"自我异化文化"这一部分中主要的转变和阶段是:(1)从抽象的(纯粹的)价值和判断决定转移到具体的行动计划;(2)"封建主"尝试去识别"共同利益";(3)"君主"的名声以及同时发生的权力转移;(4)资产阶级的确立以及财富的必要性;(5)"波西米亚人"(行为举止不拘泥成规者)的真相。因为在这一部分中意识的努力最终是付诸东流的,所以我们还要了解为什么最后会失败。

所以,在关于文化这一块的一开始,意识就从这个世界分离、孤立出来,现在还被迫将这个世界看成异性,外部且顽固的东西,因为意识的自我概念中没有东西包括了文化的因素,而在这个文化中意识找到了自己(PHG§ 484)。意识现在有两个可能的模式:第一个模式是其目前所占据的,从这个世界中隔离开来;第二个模式还停留在可能的情况下,存在这个世界上,与其接洽,体现它所有的运动轨迹和混乱状态(PHG§ 485)。但是,即使意识模式是第一种形式,也清楚对此负责,意识仍旧将这个世界看成它真正的本质(PHG§§ 489—490)。这是个问题,因为意识在自己外面,而且是在敌对的对抗中看到了自身的本质。这个策略意识是作为一种补偿,而且这个策略是这个部分的主题,为了呈现社会的内容和这个世界,需要意识个性、原子性和合法地位的牺牲。没有这样的牺牲,一个人就不能奢求获得任何普遍性,将会卡在一个隔离的原子状态中(PHG§ 484)。

这自然是黑格尔《精神现象学》中的一个常规主题,能被形容

第三章 《精神现象学》：意识的满意和不满

成：通过自我牺牲或者放弃来创造自身的本质的需要；通过外化克服异化的策略；或者更有诗意地讲，一个人是如何"为了找到自己而失去自己"（PHG§ 18）。黑格尔认为需要的就是真正的牺牲——放弃，采纳新的自我，否定原先自我的抱负（PHG§ 503）。意识所占有的原始自我是原子化的自我，与消极方面的社会整体相关，而这个整体并不是真的完整。这个原子化的个体定义是以个人财产权利为依据的，而这个财产是区分个体与社会的界限；坚守着自己的"人格"，扼杀了从更大的事物中认识自身的能力，只局限在定义好的个人追求中。要是想牺牲和自我放弃，那么他或她必须要对抗这些界限，对抗这种利己之心。

黑格尔还认为如果意识参与到牺牲和放弃中，将会有"双重效应"：为了一个普遍和共同的利益去牺牲会不自觉地使利益更加"真实"，单单是因为有人在争取和识别它。黑格尔觉得个体的牺牲和行动是"普遍性的显现"（PHG§ 490）。这个显现是双重效应的，因为通过那个行动创造并强化了一个人所牺牲的东西：一个人创造了社会现实，成为了新出现自我的内容。一方面是牺牲和放弃；另一方面是占用和创造，提供了一个完整的意思，也就是黑格尔所说的，意识"占领"了它所面对的世界（PHG§ 488, 490）。

回到发展上来，意识从这个世界中被撤回和移除，但发现自身面临着一个社会设定，连同权力结构和机制的基本形式，而且它想要正确地参与其中。所以一开始意识应用于文化世界，面临"善"与"恶"

之间基本且直观的区别（PHG§491）。因为在后罗马社会中这两个主要的动力机制就是国家和私人财富，"善"等同于"普遍的"国家，而"恶"等同于个人财产，由于它缺乏"普遍性"或者一般价值（PHG§494）。但又因为意识还未投入任何与世界有关的特殊活动中，仍旧用含糊的方式考虑任何选择（PHG§§494—495）。随着自己的反思，意识也意识到存在强有力的观点可以扭转最初它对于"善"与"恶"的定义，因为国家肯定会压迫，而个人财产将会是反抗这种压迫的屏障。意识总结出这里不存在真的有帮助的关于什么是"善"以及什么是"恶"的分析，所以它需要一个新的方法来考虑自己的选择（PHG§§495—498）。

然后意识在"相似"与"差异"之间以及与它们相关的"崇高"与"卑劣"之间使用了另类的区分，希望这能得出一个可行的方法来参与到文化层面和克服异化（PHG§499）。崇高的意识会将国家或者财富识别为自身的本质，而卑劣的意识只会察觉差异，用轻蔑的目光看待国家和财富（PHG§§500—501）。崇高的意识某种意义上能进入与财富有关的"类似"关系中，但还未开始自私自利的行动，这个行动起源于一个事实——至少在理论上所有人都可以享有财富，且财富本质上没有好坏（PHG§494）。所以意识总结出它应该努力变得高尚，因为这许诺了一个带有普遍性或者其他形式的统一；所以应该避免卑劣的行径，因为它识别不了任何东西且自然地敌视这种机制（PHG§501）。

第三章 《精神现象学》：意识的满意和不满

这一部分的主题有两个，一个是为了自我超越的自我牺牲最终采用一个具体的形式；另一个是每一个意识模式对于其自己努力完成什么的解释变得清楚（PHG§ 502）。也是从这一点起，黑格尔粗略地将发展的阶段与封建主义、专制主义以及资本主义社会这些历史时期联系在一起。这就完成了这个部分的第一阶段：从抽象的决定和判断移动到具体的行动计划。

下一阶段需要封建主对国家的鉴定和牺牲。这个鉴定表明封建主将自己所有自我导向的利益都放在国家利益的后面，甚至能在战争中为了国家牺牲自己的性命（PHG§§ 506—507）。这是一个关于自我牺牲的"双重效应"的例子：其他人认同了封建主的服务，这个服务令这个国家更加强大，然后这个服务就逐渐地变得越来越有意义和"普遍"（PHG§§ 504—505）。但只有这个国家真的代表"共同利益"，君主的服务才能奏效；结果是有太多的君主都是带着自己的私人动机和利益做出的牺牲，任何"共同利益"都是未确定且难以找到的。反过来这个就会让封建主想要了解自己的行为是否出自狭隘的自身利益（PHG§ 506）。

当一个君主开始巩固公共利益的多种解释时，崇高意识就会又一次试图将这个新的普遍性识别为一个有意义的自我牺牲形式（PHG§ 511）。但所有人都觉得这是任意且脆弱的：封建主意识到君主的权力依赖于他们的认识，同时君主也意识到这点，因此，他将财富分发给封建主，用来维护和统一这个新的权力机构（PHG§ 512）。王公贵族通过奉承的语言来维护君主的地位,但由于他们是同时接受财富的,所以这明显就是个借口(PHG§ 513)。所以发展的目前状态是:王公贵族识别并命名了一个简单的意愿,即君主,努力巩固他们关于共同利益不同的看法,但正因如此,他们认识的权力越过了君主,以财富的形式回到了他们身边。现在王公贵族处于一个与财富有关的关系中并且巩固这个关系,与此同时也保留对于近似普遍的意愿即君主的关系(PHG§§ 514—515)。因此,实际的权力以财富的形式回到了王公贵族手中,开始滑动到基本意识上去(PHG§ 513)。

在这个部分的第四阶段,黑格尔认为崇高的意识已经完全退化成基本意识,现在可以直接识别财富(PHG§§ 514—516)。意识现在察觉到自身的识别功能已经消失了,因为它不能再识别出哪些必要和哪些不必要,甚至它都不能识别出它在这一部分一开始识别出来的东西:起码在之前它还有一个虽然孤立狭隘但可行的自我概念,可以合法地定义为"人",而现在的意识只能理解财富(PHG§§ 517—518)。资本主义社会的确立,崇高意识退化成基本意识就是它已死的表现(PHG§ 513)。资本主义社会中穷人,知道财富才是定义个体的东西,认为自己的"自我"是依赖于拥有财富的其他人,并且是通过他们得到显示;同样地,资本主义社会中的富人在自大中放纵自己,觉得他或她可以通过财富拥有其他人的"自我",并且强迫他们屈服(PHG§§ 517, 519)。

正是由于这种退化和瓦解,我们才到达了这个部分的第五阶段,

第三章 《精神现象学》：意识的满意和不满

即最后阶段，"波西米亚人"出现了，并且道出了整个进程的"真相"（PHG§ 520）。"波西米亚人"很可能是源于穷人，因为他或她拒绝了他们自己身份的降低，而不是由于自大对其充耳不闻，也是这些人发现和明白目前为止提及的这些区别，包括"好""坏""崇高"或者"基础"，没有一个有意义（PHG§ 517, 521）。而且所有这些决定和价值都已经颠倒，没有用了（PHG§§ 521—523）。"波西米亚人"的语言就是这一部分最完美的真相，因为它充斥着矛盾与荒谬；这对志趣相投的人来说似乎很幽默，但对那些依附于确立好的资本主义社会标准体系的人来说是令人烦恼和沮丧的（PHG§ 521, 524）。"波西米亚人"展示了为什么所有自我牺牲的努力都会失败：没有一个牺牲的物体保持不变，它们的意识在不断地变化。历史上，财富、权力和权威之间的矛盾减弱了任何想要使社会的标准结构变得有意义的尝试（PHG§§ 523—524）。意识便总结出它不能在社会角色中找到意义，因为在稳定的道路上有太多的偶然性和矛盾。所以意识转向了"信念"，如果在这个世界里得不出意义，那么也许在另一个世界里会成功；所以意识便走向了下一个模式。

《精神现象学》中的这一部分给出了一个结构上的解释，来说明为什么人们识别整体的努力会失败。人们很有可能会误解黑格尔所认为的自我牺牲，这将会阻止他们在自我认同与社会认同中找到令人满意的匹配。但在现代文化中这个困难更加典型，我们可以称为"结构迷失"；在文化中也无法提供一个连续且令人满意的解释来说明什么是"对"与"错"以及"好"与"坏"。一个人标准化的想法同时是很抽象和简化的,不能稳定地应用于我们这个复杂的社会。黑格尔认为这个结构迷失的起因是试图直接从一个自我主义的角度转到一个普遍主义的角度,但没有中间的交互,意识无法得到教化和发展。黑格尔认为这种失败在历史上是在现代国家发展之前是必然会发生的。

这种迷失的解决方法以及所产生的事与愿违的努力都是双重的。首先,对于共同利益究竟是什么肯定存在一些确定性;也不会存在利益太多样而没有人能拿出一个确认策略(PHG§§ 505—506)。其次,一定会有调解的机制来提供桥梁,从公民社会中狭隘的个人主义到国家所主张的共同利益。黑格尔在《精神现象学》中认为的"文化世界"是一种公民社会最初的版本,但在这个还未全部发展的公民社会中,不存在不同于此的国家,也不存在现代公民社会所拥有的法律机制或者自愿关联。这样的世界是不充足的,虽然这实际上是一个必要的条件,但为了消除异化,一个人得参与到任何外化中去。一个人通过外化所确认的体制结构表达了一个固定的关于共同利益的概念,它在一个连续的国家中形成,且存在一个调解的机制来弥补自我主义和普遍主义之间的鸿沟。黑格尔认为,如果没有这些满意的条件,那么个人对于确定自己标准空间的位置的尝试就会失败。这个分析直接指出了国家需要拥有关于大众利益的政治。

第三章 《精神现象学》：意识的满意和不满

第四节 通往绝对知识的途径

《精神现象学》包括五个部分（"意识""自我意识""理性""精神"和"宗教"），最后一章是讲述"绝对知识"。在"理性"和"精神"之间有一个剧烈又定性的中断，发生在从个人意识转移到社会或者集体意识（"精神"）的过程中。过渡到"精神"是意识所做的最难的移动，它提醒了我们虽然黑格尔认为从哲学家的观点回看和重新构造叙述上这个移动有必要，但当涉及意识真正的显现也就是真的人的时候就没有必要了。从"理性"移动到"精神"是一个能被抵制的定性飞跃：经验意识一直坚守自己原子化的观点并且从未移动。但不管如何，哲学叙述会继续向"绝对知识"前进，保留了所有从个体到社会认知的重要的移动中必要的特征。

第一个主要部分，"意识"，在最自然朴素的意识模式中开始，试图获取这个世界中直接对象的知识。这个意识模式以主体和客体之间的固定区分为前提，并试图达到一个稳定又无中介客体的标准。因为朴素经验主义（"感性确定性"）的失败，所以意识想直接从感性中努力获取到知识，与此同时，感知也在尝试解决因为从感性中躲开后所产生的概念上的困难，但却是突然的。理解力采用了一个类似于现代自然科学的观点,安置力量和规则,但最终不能找到一个稳定的知识客体,面对一个全然无法理解的世界("反向的世界")。

第一部分的事实是找不到稳定、固定和没有中介的知识客体,但意识为了抵制这个结论所做的最后努力至少遇上了丰富的"无限"概念:意识想要知道是否目前所有的区别("一个"与"多个"之间、"普遍"与"特殊"之间以及"事物"与"其对立面")都包含在这个被认为是"统一"的世界中(PHG§§ 160—161)。但意识仍旧想要把这个"无限"或者"统一"作为一个能被"主体"所知晓的知识"客体",但它失败了。《精神现象学》的临时叙述者——现象学家,知道意识实际上所遇到的东西并不是它准备抓取的:"无限"不能作为"客体",但"主体与客体的统一"却是对"绝对知识"的惊鸿一瞥(PHG§§ 164—165)。意识(现在用的形式就是黑格尔所称的理解力)努力将这个"无限"描述成"客体",表面上看起来是使其变稳定的举动又一次失败了,实际上是开始描述自我意识(PHG§ 163)。

"自我意识"的开始产生于试图找到一个稳定的客体以及最初关于朴素意识的原始认识的失败,这个朴素认识与失去所有"其他"的决定有关,意识开始可以为"自身"申明(PHG§ 167)。意识现在试图想抓住有机物体也就是"生命"的"无限"(PHG§§ 171—172)。但与之前的朴素意识一样,新形成的自我意识并没有完全准备好理解"生活";它反而因为这个世界短暂的外观感受到威胁,需要让自己相信这些外观实际上是它自身的显现。意识努力通过消化这些来否定这

第三章 《精神现象学》：意识的满意和不满

个威胁,但当另外一个不能轻易消化的意识出现的时候,"主人"与"奴隶"之间的对立就开始了。

"自我意识"想要建立和确定一个稳定又独立的个性,但在回应"主人"与"奴隶"之间的对立上它退回到了"怀疑主义"中,之后是"坚忍"中。"自我意识"假设了一个不能改变的自我,希望这个来世的理性能够起到帮助,但这只会导致"不开心的意识",一个人开始越来越远离自身脆弱的缺点和限制,一直到失去整个自我。这本书的第三部分,过渡到"理性",产生于自我意识领悟到通过理性的力量它可以克服自身与"不可改变"之间附属关系的痛苦（PHG§§ 227—278, 230）。在"理性"中,标准是跟"自我意识"中的一样,也就是说为了说明个性的稳定和独立。"理性"首先会试着去发现合理性,也就是自身的"自我",本质上是通过观察,最终荒唐地发现是在一个"死了的物体"中找到自己（PHG§§ 334—335）。然后"理性"转向自己和自身的活动,再次尝试去满足这个标准,但不管是"理性"的自我意识努力想要通过追求快乐完成这个,还是这个世界上美德的实施,自恋的自我表达,还是道德法则的产生和检测,其结果都是失败的。

过渡到"精神"标志着一个从个体意识模式努力转向社会模式的突然改变,瞬间将争论点从讨论于任何真实情境中移除的抽象个性,转到了讨论作为真实人类群体思想和活动的代表——"精神"上来（PHG§ 440）。现在的"精神"是指真正的意思、人类和历史意识,包括了具体社会和政治情境的内容（PHG§ 441）。"精神"上有两个双重的移动：因为意识识别更多自身的客体，从而打破了主体与客体之间的区别，因此变得更加普遍，"社会实体"也被实现到一个更高的程度，个体意识已经作为自身的显现。只有整个群体都参与这个"精神"，统一的实现才第一次成为现实。

从"理性"到"精神"的过渡也是意识不能理解"无限"（和"生命"）的丰富性到第一次真的可以理解的过渡。黑格尔认为这只是社会意识而不是个体意识的一种可能。在更早地从"意识"到"自我意识"的过渡中，黑格尔认为在前面的东西是"精神"的经验，也就是说并不仅仅是与之短暂的对抗，而是在"精神"里面识别自身的行动。一个人必须将"无限"（和"生命"）看成自身的一种反思，如果最终意识包括所有的其他人、国家、宗教等，那么随着集体意识的引入，意识就能开始知晓"我"是"我们"以及"我们"是"我"（PHG§ 177）。这也是为什么《精神现象学》的第二部分——意识（现在是自我意识）面对着真实的社会世界以及要识别出它是很有必要的。

从希腊社会到法国大革命的进程是意识（现在是"精神"）原先做出的努力在社会世界中发现自己，但这个进程最终失败了（PHG§ 677）。因为这个初始移动在法国大革命回归到个性和原子化中结束，"精神"必须要做出另外去尝试在其他中看清自己。法国大革命之后"精神"的历史形式是倒退的：意识远离社会世界退回到自己里面，无

第三章 《精神现象学》：意识的满意和不满

法判断或者原谅。向"宗教"的过渡与向"精神"的过渡并不完全一样，例如它能克服个人观点中的矛盾。

向宗教的过渡是"精神"的自我意识试图成为自身意识的客体（PHG§ 678）。"自然宗教"和"以艺术为形式的宗教"逐步地接近关于主体和客体统一的概念理解，远离了"图像思维"，但这些意识模式并不能有很大的进步。就在"绝对知识"之前的一部分——"启示宗教"中，黑格尔试图去描述宗教意识和基督形象之间的关系。在基督教中，"启示宗教"，即特殊与普遍的统一在人身上真正地显现，就是人的自我意识。黑格尔还解释了信仰者并没有在他或者她的脑子里加入普遍（上帝）的思想与特殊（存在）结合；他或她反而会看到、听到和感受到一个实际人物的存在，并在这个人中看到了上帝（PHG§ 758）。基督徒认为基督的形象并不是一些关于"仁慈"或者"神圣"的抽象想法，而是指上帝的自我意识：这个形象是神与人的统一（PHG§ 759）。黑格尔认为在这个联盟中，神获得了最高的本质："启示宗教"开始认识到的东西是自我既是普遍的又是特殊的（PHG§§ 760—761）。但这个内容中意识的关系并不只是一种"图像思维"：普遍与特殊的统一并没有包含意识。统一只是被看作一个"其他"，而意识与它是疏远的。黑格尔认为"启示宗教"所思考的意识就是真理的内容，但它只是存在于一个困惑的形式中（PHG§§ 794—795）。这就是统一的去神秘化，将我们带到了"绝对知识"中去，带到了"科学"中去，在那里普遍与特殊的统一被看成"我"的一部分

(PHG§§ 798—799)。

在《精神现象学》的进程中"绝对知识"是意识的最终模式。这个最后阶段是意识一路上经历了所有阶段,绝望、沮丧和枯竭的结果(PHG§ 20)。这一章的主要内容描述解释了在意识的发展过程中"绝对知识"是一个分立的阶段,黑格尔试图解释这种说明到底是什么,它是如何将书中前面的部分联系在一起的(PHG§§ 798,804)。他在概括整本书全部的叙述时,他尤其强调了两个转变:(1)从"理性"转变成"精神",确立了社会认知和社会自我的必要性;(2)在"启示宗教"中从"图像思维"转变成第一次领会特殊和普通的统一。

黑格尔很早就在这本书中给出过一个解释,可能用来说明这五个部分是如何相互连接到"绝对知识":他使用了一个关于"线在交点处断开"的隐喻,很多条线都向"绝对知识"伸展,接着每条线都是"精神"的显现(PHG§ 681)。把每一个部分的"真理"都放在彼此的旁边,只会产生这样的想法——每一个部分都证明了朝"无限"的运动,或者主体和客体之间的区别的消失。因为从"精神"的视角看每一个部分都是一个"属性",或许最好说成每一个部分都是"绝对知识"的一个属性,都是阐述整个进程的一部分。在前言中黑格尔就说过他的观点,他的体系只有在所有部分一起作为一个整体的阐释中才是合理的,在这里面我们所能找到的关键点是对于主体与客体的统一的逐步说明(PHG§§ 17,19—20)。

在谈及向"科学"转变时,黑格尔认为这个元叙述状态将多样

第三章 《精神现象学》：意识的满意和不满

的运动都聚集在一起，遍及《精神现象学》的所有角落。对于那些拥有"绝对知识"的个体来说，元叙述一定会消失因为"自我意识"一定会在其外化过程中认识自己。获取了"绝对知识"就等同于成为一个现象学家（PHG§§ 87—89）。在"绝对知识"中，主体与客体之间的区分消失了，不是说一个导入到另外一个中去了，而是这区别本身消失了，主体和客体进入了一种和谐的状态。那些可能会被认为是"异形"或者"其他"的客体或者意识形式实际上是被理解和识别为意识自我的一部分，而且意识也充分认识到了这种统一的认识（PHG§§ 17—18, 89）。

这本书的每一个部分都有一个循环又动态的顺序，从"即时性"到"调解"再到"本质"，但如果认为这就是"绝对知识"的正式核心那就是错。黑格尔认为这样一个抽象的提纲将会产生一场"关于多样性无聊的展示"或者变成"单色的形式主义"（PHG§ 15）。黑格尔想说的反而是这只是"绝对知识"存在的样子，并且只应用于朴素意识的发展（PHG§ 789）。并不是说从即时性转向本质的运动对于理解哪一种导致了特殊且确定的否定或者否定和保存的一般运动不重要，而是说我们不应该期待用这种形式找到"绝对知识"（PHG§§ 79, 113）。虽然"绝对知识"不能立即提供有用的信息，而且也没有表明所有的东西应该包含其中，但可以说成"绝对知识"是主体和客体的统一（PHG§ 20）；即使是说成似乎"主体与客体的统一"中的成分保留了它们原先的意识也是在误导（PHG§ 39）。正如先前的说明所隐含的一样,这个统一就像"看到"和"理解"主体和客体并在它们之间交替,只不过是认知的"旋转圈"(PHG§131)。

在关于"绝对知识"的章节中,黑格尔提到了这种知识形式的三个重要方面:现实、时间和历史。"绝对知识"的"现实"只有在"精神",也就是主体和客体的统一,知道自身就是"精神"(那么就一定会有一个"绝对的认知者")的时候才会发生。在自我意识作为抽象时刻中,"绝对知识"首先是存在的,但不一定就完全是"真的"。当自我意识实质上包括了所有的客体,"绝对知识"就会逐渐变得真实(PHG§801)。时间问题涉及了意识的发展。整体是先于发现的时刻,它会不知所措一段时间,直到所有的时刻都被发现。除了意识一次并且及时地走一步去经历完所有痛苦的步骤外,没有其他方法可以获取"绝对知识":真理并不是现成又崭新的硬币(PHG§39)。没有人能跳过最后的内容还能明白黑格尔想要说的东西。当"体系"完成的时候,意识进程的主要部分就变成永恒了,而黑格尔认为只有获得"绝对知识"之后这才会发生(PHG§679)。最后是历史方面,黑格尔强调的是那些在历史各阶段所显现出来的意识模式中的实际劳动力和绝望。

"绝对知识"的一个基本主题是牺牲和投降,在黑格尔的哲学中,它将之前提到的特点与"绝对认识"联系在一起。这同样也加强了关于"绝对知识"是一个活动的想法;在通过将这个现象学作为生活方式来讨论每一种意识模式之后,似乎不是那么连贯,所以黑格尔提

第三章 《精神现象学》：意识的满意和不满

出"绝对知识"，并只把它当作一个理论或者有趣思想的一个集合体。而且运用主体与客体的统一并不仅仅是将一套正式的概念用到客体和经验中去；正如黑格尔所说的，这个统一并不是"一个毫无生气的提纲"，简单地被用于增加客体多样的决定（PHG§50）。而是为了明白变得"科学"，统一必须将自己屈服于客体，必须在它的客体中失去自己（PHG§53）。黑格尔认为要避免肤浅哲学中那些现成又抽象的工具，真的要做的是带着否定和困难去等待；为了获取知识，一个人必须要屈服于正在讨论的问题（PHG§§3,32—33）。同样地，意识发展中的所有阶段都应该带着所有的痛苦和绝望详细地思考（PHG§29）。只有这样一个人才能在客体中"失去自己"，才能享有"双重运动"的影响：只有当每一边、主体和客体认定对方而且通过在自己内部消化它们来创造出统一的整体（PHG§42,61）。还要记住的是，在获取"绝对知识"之前，在把客体看成单体和异类的时候，不仅是主体，还有自身本质都是不完整的（PHG§37）。只有克服了这个缺陷，真理和知识之间没有了分离，《精神现象学》才会结束。

换句话说，"绝对知识"是在问题中失去自我，不去依附于"客体"或者自身的"自我"，指望去解释清楚问题是徒劳的。一个人必须要找出矛盾，"带着否定去坚持"（PHG§804）。《精神现象学》是关于意识去"绝对知识"路上的实际外形，但关于意识的结束，这些主要部分的真理成为了因素，意识在理解"无限"和"生命"上慢了一步，必须要有一个说明这个统一的概念体系；黑格尔需要完成自己的"体系",这样"绝对的认识者"才能使用这些概念（PHG§ 805）。黑格尔认为在这一点上我们已经回到"感性确定性"上来了,也就是说,我们已经回到与似乎是"最富有和完整"的知识的直接关系上,但是"感性确定性"之前是一个幻觉,现在是真实的（PHG§ 806）。最后,回想《精神现象学》的进程当然是"绝对的认识者"的任务,因为这为"绝对知识"保留了最必要的"科学"（PHG§ 808）。

最后,要重申一下中心思想:"无限"（和"生命"）在《精神现象学》中扮演着重要的角色因为意识必须要理解它,而且没有一个意识能单独理解这个"无限"。对意识个体模式的放弃是最重要且最难的一步,也是意识必须要走的一步。"绝对知识"不是个人财产,不管单独坐在满是灰尘的图书馆角落里的哲学家读了多少本书,他都逃不过绝望。

黑格尔的百科全书：存在、自然和思想的结构

第四章

哲学的每一部分在哲学上都是一个整体,是关闭自己的圈子;但在它们中的每一个,哲学观念都处于一个特殊的确定性或者要素中。每一个圈子也都突破了自身因素的限制,精确地说是因为它在内心上是一个整体,触及到了一个更深的领域。因此整体使自己成为聚集所有圈子的一个圈子,每一个都是必要的一个片段,所以这些独特要素构成的体系组成了整体观念——同样地出现在每一个个体中。(ENCI§ 15)

当代在演化生物学上的研究记录了一系列趋同进化的例子,不相关的有机体(或者至少是关联很小的有机体)在适应相似环境的时候获得了一些相似的优点:地球两极附近那些生活在冰冷海水中的鱼类独立地进化了自己血液中的防冻蛋白质;金枪鱼和灰鲭鲨也各自独立地进化了肌肉结构,让自己游得更快;不同地区的刺鱼从上个冰川时代开始演化的方法基本上是一样的;纵观自然历史,有机体都重复并且独立地重新改变自身眼睛和视线的机制,而且很多不同的有机体

第四章 黑格尔的百科全书：存在、自然和思想的结构

却有一样基础的结构特征，这都表明了趋同现象。比如说，蝙蝠、鸟类和翼龙基本的翅膀结构是一样的，还有普遍的"食蚁兽"设计跟我们在澳洲、非洲和美洲发现的动物外形也十分相似。

目前正在研究演化的哲学家［比如丹尼尔·丹尼特（Daniel Dennett）］对趋同演化的案例十分感兴趣，因为这些案例揭露了自然界中"被迫移动"的存在（DDI 128）。"被迫移动"这个想法来源于棋类运动，经常会碰到这样的棋局形式：以免玩家不可避免地立刻（或者几乎是立刻）输掉比赛，他或她不得不走这特殊的一步。在这个情境中下棋规则并不需要特殊移动，物理法则也不需要它；只是按照胜出的目标被迫移动恰好是必要的。在演化生物学的情境中，被迫移动其实是一种适应，为了种族不灭绝，有机体必须要采用这种移动。在特定的本地环境中，这种适应似乎更像是一种对设计自然空间出现的特定工程问题的解决方案。

演化生物学家们必须要很小心地区分趋同演化和同源性演化（由于一样的祖先所以有相似的特征，比如哺乳动物的耳骨和爬行动物的颌骨）或者其他必然出现的偶然性演化（比如"标准键盘布局"现象，键盘的顺序是根据一个现代打字员的习惯选定的：可能一开始是不同的顺序，但现在这个排列顺序已经根深蒂固而且一直可靠地沿用下去）。在厘清哪种必要形式是数理、逻辑或者物理的，或者哪种能追溯回可能发生的历史条件的时候，其实一直存在复杂性，而这些历史条件可能就是这种方法或者那种方法，有时候还会取消未来的设计

选择。但是仔细地研究这些趋同演化能让我们形成对自然的解释，通过识别自然的基本组织原则然后从偶然中挑出必然，因此显示出自然的先验结构。一旦我们这么做了，我们就直接参与了黑格尔在自然哲学中正在做的事情，努力重构自然的基本组织原则，而这些原则只是不完整地显现在观察到的事件中。

自然哲学当然只是黑格尔在《哲学科学百科全书》（1817年首次出版，1827年和1830年相继出了两个修订版）中形成的思想中的一个部分。作为一个整体的"体系"重构了存在事物的基本组织原则和结构，首先是概念和思想本身层面的（第一部分，即《逻辑百科全书》，也就是《逻辑学》的浓缩版）；其次是这个结构如何在自然中显现（第二部分，即《自然哲学》）；最后是"精神"的诞生和人类的集体反思出现在特殊国家、体制和文化实践的情境中的必要性，而且这一部分特别注意人类是如何开始反思"精神"最深刻的价值和兴趣，而这些是通过思想和自然的结构来调解的（第三部分，即《心智哲学》）。这一章从生物学的例子入手，可能也表明了进入这个"体系"的内部的行动是很笨拙的，但自然哲学却为当代黑格尔的阅读者提供了可用的立足点；如果在一开始这些读者探索这个"体系"的时候并没有要求他们去理解其中的《逻辑学》的话，那么《哲学科学百科全书》的所有内容对他们中的大部分人来说都是很难懂的。

直接开始《逻辑学》的时候，判明方位的第一个挑战就是黑格尔对于形而上学的认同与参与并不是完全清楚的。虽然某种程度上他是

第四章 黑格尔的百科全书：存在、自然和思想的结构

支持形而上学的，但是他提出的观点又是在反对这些简单的分类，他的形而上学并不是历史上大家所熟悉的，并且根深蒂固的实体形而上学，而是"结构形而上学"。所以《逻辑学》的一个挑战就是它迫使我们重新思考"形而上学"是什么，需要我们采用一个新的词汇来说明这个问题；另外一个挑战是逻辑本身的主题，除了参与思考思想本质的特殊意识之外，黑格尔想要告诉我们的是思想本身的结构。

"结构形而上学"与实体形而上学之间的区别在自然的情境中更加容易理解，因为寻找自然基本结构和组织原则的任务令人熟悉，考虑到我们现代文化中科学调查是有向心性的。《自然哲学》对我们典型的形而上学设想仍旧是一个挑战，但它试图避免这些逻辑经常会带来的严重到令人瘫痪的迷惑。趋同演化案例使黑格尔的哲学开始与当代演化生物学中的问题和发现进行对话，至少显示了跟我们用今天的标准建立的合理的科学比起来，黑格尔的想法不是简单的空想。

这个对话尤其对思考演化理论大有帮助，因为黑格尔是特别反对他那个时代的演化理论的。的确是这样，毕竟在达尔文的《物种起源》出版之前，黑格尔对哲学的思考就已经超过了30年。但一样的是，黑格尔想尽办法反对当时在热烈争议的演化论点；回想一下他要反对演化的理由，就可以说明他对于自然结构的看法以及整本《哲学科学百科全书》的内容。可能令人惊讶的结果是，现在我们在解释黑格尔的哲学时必须要跟演化理论的基本主张和谐地联系在一起，这样他的观点跟最近一代的评论家的言论比起来，会更加地有道理和有趣。

《哲学科学百科全书》的第三部分——《心智哲学》讲的是"精神"从自然中诞生,它在现代政治体制和国家中发展,和"主观""客观"以及"绝对"精神这些术语的引入。黑格尔在这里想要发展他关于现代国家和政治生活的观点,这将会以完整的形式出现在《法哲学原理》中。

在这一章中,我主要会谈论《哲学科学百科全书》的内容,包括"精神"从自然中诞生;但会省去大部分的《心智哲学》内容,因为这一部分将在《法哲学原理》中继续扩展,我会在下一章中详细讨论它。这里要涉及的主要问题和论点是:(1)现象学与"体系"之间不明确的关系;(2)"理解力"和"理性"在《逻辑学》中的角色;(3)目的论、演化和自然哲学;(4)"精神"的诞生。

第一节 扔掉梯子

虽然黑格尔把他事业中大部分时间都用来论证《精神现象学》是对他的体系最好的概述,虽然这本书已经在很大程度上被认为在问题中处于"官方"位置,但它与黑格尔的其他作品的关系仍旧是不明确的。很多评论家都指出《精神现象学》中的很多实质内容都出现在《哲学科学百科全书》中,在黑格尔的其他主要作品中也出现过,而

第四章 黑格尔的百科全书：存在、自然和思想的结构

且更加具体详细。这就表明了前面作品很可能就是这个"体系"的初稿，之后只是简单地经过重写和扩展变得更加完整。但黑格尔在其事业晚期的时候加剧了这个模糊性，他似乎改变了主意，开始思考可能没有其他东西能够超越《哲学科学百科全书》的内容了。对于如何处理这个模糊性，学者之间也没有达成共识，但我们的目的是不要在上面过多坚持：只需要提出问题，然后只要知道这两本书之间的一些联系和对比会持续很长时间，才能弄清楚黑格尔的"体系"究竟是怎样的。

倘若我们接受《精神现象学》是这个体系必要的介绍，那么就会很自然地假设出有几组认识的实质性主张被保留到《逻辑学》的开篇中。可以从前面的章节中回忆起"绝对知识"最重要的特征是认识到认知的个人模式和努力自由的个人模式是受限制的；这些个性化的意识模式不能得到他们想要的东西，一定会被社会认知模式和社会自由模式所替代。如果认知和生成自由想要在哲学上令人满意，它们一定得是社会的或者"有思想的"（geistlich 思维）规划。与这个认识紧密相关的是必然的结果，知识和自由通过历史得到调解，"绝对知识"是一个历史功绩。而且我们可能还要增加这种关于主体和客体之间统一的认识，发生的时间是意识最终在自己的客体中"失去自己"，并且明白需要一个概念体系来详细描述这个统一的时候，都是为了防止认识变成一个些许神秘并且空洞的参考。

只有在内化《精神现象学》中的所有结论之后，我们才能重构思

想本身的结构,参与到黑格尔所认为的真正的哲学思考中。但我们仍旧不应该认为关于思想的思考会自然地出现,或者产出"相似的"概念(ENCI§§ 2—3, 19, 20)。黑格尔认为思想本身将思想制成客体的活动是从深层思考(nachdenken 反思)中来的,表明辩证法是其必不可少的本质(ENCI§ 11)。辩证法会以体系的形式展开,"所有圈子的圈子"这个系统包含了所有之前提及的哲学原则(ENCI§§ 13—15)。黑格尔认为通过这个过程我们将会找到的东西——整个类别或者概念相关的体系将会"复苏",就是说我们将会在思考中找到已经在运作的结构;当察觉到这个的时候,在思维活动中我们就会感到"自己在家"和"自由"(ENCI§§ 19, 23—24, 27, 31)。实际上,我们揭开的是作为人的不可缺少的本质,是思考将我们同动物区分开来,是思考决定了我们是什么(ENCI§§ 20—21)。但这里并不是"我"以《精神现象学》中斗争的意识生成了自由,而是"理性的斗争"(ENCI§§ 23, 32)。黑格尔在《逻辑学》中解释道,理性"叙述和激变地"继续前行,似乎是说我们应该开展所有的推理,也就是那些给予肯定的概念,而且这些推理将会是整个概念体系细化过程后面的发动机。

《逻辑学》的第一个类别应该是最抽象、模糊、纯粹的,也最有可能是直接思想,即"存在"。这个"存在"概念太模糊以至于都不能把"空无"从中区别开来,所以这两者之间存在不稳定性。如果我们用"叙述和激变"的方法去思考"存在",会发现我们不能对"存

第四章 黑格尔的百科全书：存在、自然和思想的结构

在"做出解释，当然并不是说就可以用"虚无"来解释它。一旦我们发现想要做出的任何解释都必须吸收这两个概念，就会清楚地发现我们已经在使用"生成"这个概念了，黑格尔认为这是第一个真正并且具体的想法，也是用来解释即将到来的任何事物的基本概念（ENCI§88）。某种程度上，我们被迫采用新的"生成"类别，因为任何想要区分"存在"与"空无"的想法都将会发现自己在生成"空无"的"存在"和生成"存在"的"虚无"中来回滑动。另外一个思考这个的方法是将"生成"看成是"存在"与"虚无"的统一，来自原始矛盾的不确定性。

但是要注意的是，在黑格尔的思想中，"生成"并不是源于我们的概念和外部"本体的"世界之间假定的关联，也不是发生在一套组成经验的固定的类别里面；黑格尔的类别并不符合康德的思想方案。反而是我们跟着"存在"与"空无"之间动态矛盾的时候，"生成"就出现了。黑格尔认为《逻辑学》中的类别不是先验的，也不是隔离于真实世界之外的，它们也不单单存在于思维之中。这些类别被人们提出，并在人类社区中得到详细阐述，反映了人们最深刻的价值观和兴趣，但人性是自然的一部分，而自然又是世界的一部分。所以，黑格尔认为因为思想是真实存在的世界的一个特征，不管从思想中提取了什么样的"逻辑"都会自然地向我们显示一个结构，而这结构同样出现在我们调查过的任何一个领域。又因为自然和宇宙一直在改变和发展，人性是这个动态整体的一部分，我们应该期待的是《逻辑学》

中的类别也同样是动态的。实际上,出现"生成"的同时,它也偷偷逃向了"此在"这一概念,然后变成"质量"等(ENCI§§ 89—91)。

在完成《精神现象学》多年以后,黑格尔改变他对于此书在他的"体系"中适合处于哪个位置的看法,但它起码是《逻辑学》的介绍:阅读《精神现象学》需要一个严肃又忠诚但同时冒险又灵活的哲学倾向,就是一种会通过黑格尔的逻辑学获得的智力倾向。有的人读了《精神现象学》后,还想读更多黑格尔的作品,所以这么说,并不仅仅是对这些读者的心理特征的评议。换言之,重点是指出清醒的读者如何学会超越"理解力"界限的思考。"主体"和"客体"之间的区别是最普遍的对立,在通往"绝对知识"的路上是压倒一切的,但这一区别也恰恰守护了黑格尔的"理解力"学说。在《逻辑学》中对于"理解力"黑格尔有很多话要说,但如果读者不能超越理解力的束缚,他们就理解不了这其中的很多内容。

第二节　理性和理解力

表示逻辑的结构与发展的一个有效的方法是将"理解力"当成展开辩证法的"发动机",这个方法靠的恰好是与《精神现象学》之

第四章 黑格尔的百科全书：存在、自然和思想的结构

间的一些联系。这个解释的角度也帮助阐述清楚了哲学与社会科学之间的关系，因为黑格尔认为"理解力"是经验主义和社会科学调查的成果。在他的观点中，虽然"理解力"是一个很重要又很有创造力的思考模式，但某些程度上必须要超过它才行；我们必须知道它的效用和限制，这样才能明白超过它之后的东西（ENCI§ 36, 82A）。

在黑格尔的哲学中，"理解力"的基本特征是它具象化了事物之间的联系，并且赋予这些关系一会变得明确和牢固的"确定性"（ENCI§ 6, 32A）。实际上，"理解力"甚至是对与它相关的"事物"负责的，因为当分离的"事物"使"理解力"非人为地将整体分为可控的部分以便能更好地开始的时候，这些"事物"就不复存在了。很多"理解力"假定的关系是用来在原因与结果或者普遍与特殊等的关系中组织我们对这个世界的描述（ENCI§ 20）。黑格尔认为哲学的任务是训练大脑从当前的描述和"理解力"的具体化中抽身出来，不是全部留下这些东西，而是去理解这些东西的内容是如何被保存在丰富的整体概念结构中的（ENCI§ 1, 2, 5, 19, 80A）。

形容《精神现象学》中意识的全部发展是对"理解力"的连续分解显得十分合理：每个阶段都被超越，所有具象化的形式在深思崩塌之下都有意识模式的特点，而"理解力"可靠地制造出另外一套区别，开始了下一个阶段。大部分具象化的形式都是基本的主客体之间区分的不同版本，意识只有在抛弃基本区分最后一个形式的时候才能抵达"绝对知识"。当然，这些意识模式对它们的区分和具象化都十分

固执，因为这些提供了解释性的权力和保障；只有通过内在的批判，将这些区分和具象化带向崩塌和枯竭，它们才会被抛弃。我们必须要记住的是这些意识模式不仅仅是理论的工具，还是这个世界上谋生和存在的方法；在《精神现象学》的道路实际上充满了苦难、劳动和绝望。

但是这种关于"理解力"消极的特征描述只是故事的一部分，甚至在《精神现象学》中，黑格尔都确认了它那印象深刻的力量（PHG§32）。在《逻辑学》中，"理解力"在协调范畴体系所处理的内容和积极地产生关于这些范畴是如何出现在世界的动态结构中的决定方面都有积极的作用（ENCI§80A）。"理解力"推动向前的关于思维的一种特殊形式就是黑格尔所说的《哲学科学百科全书》的介绍——"静思"（沉思式的思想），是出现在经验科学中的一种普遍沉思，需要更多的哲学思考。这种沉思有两种形式：(1)经验性的或者科学性的静思认定了普遍与特殊，但并没有同时表达出它们之间的必要联系；(2)推测式的静思是试图找到这些必要的联系。黑格尔认为后一种的静思更具哲学性，并将辩证法当作自身的"本质"（ENCI§9,11）。虽然"理解力"负责将思想带进范畴体系，但它在其他方向的运作也是不可分割的，因为它在论述的实践和理论领域将普遍性与特殊性联系在一起，比如在经济学、政治理论、法学和社会学领域。

但"理解力"究竟是如何将思想或者思考变为自己的客体？在作为发展的"发动机"——辩证法中它的角色又是什么？黑格尔试图用关于《逻辑学百科全书》结构的评论来解决这些问题，而这些

第四章 黑格尔的百科全书：存在、自然和思想的结构

问题恰好出现在第一个主要部分的前面（ENCI§§ 79—83）。他描述《逻辑学》有三个方面或者阶段："理解""辩证"和"推测"，并且所有的阶段都要通过"理解力"聚集在一起，但是只能用人工的方法（ENCI§ 79）。第一个阶段需要一个常见的关于"理解"的移动：在抽象行为中，整体被分成多个部分，而且每一个部分都是自立和独立的，并且跟其他部分是相关联的。第二个（辩证）阶段也是"理解力"的作品，但是这个阶段的辩证所认证的部分最终不是那么独立，实际上，如果它们脱离了与其他部分以及整体的联系，就不能被理解。第三个阶段，也就是推测阶段，使用了一种新的，能解决其他阶段的不足的解释：重要的联系是存在整体和部分之间的内部自我关系，而不是一个部分与其他部分之间的外在关系。这三个阶段也可以用以下方法结束：一个概念需要一个固定的意思，这个意思被否定了，然后一个更加复杂的概念出现了，既包含了原始意思也包含了否定意思。

《逻辑学》中使用的每一个范畴从历史观点来说都代表了"理解力"所留住的范畴，也就是说，试图通过一个确定的概念工具来理解现实。当"理解力"试图使用具体化的范畴来理解整体的时候，它就会遇上矛盾，因为"整体"并不是一个不变且能通过固定的范畴可以解释的东西；更准确地说它是一个关于事物既能存在又能不存在的结构化领域的想法。我们可以重构这动态的范畴体系，但我们不应该把这些范畴当成我们自己主观介入的结构，当成我们个体"理解力"认真与它们工作的结果。我们在这里要十分小心，不能将《精神现象学》

的动态范畴体系跟《逻辑学》的动态范畴体系合并。在《精神现象学》的案例中,叙述是从朴素意识中发展而来的,但并不知道自己向哪里发展。而在《逻辑学》的案例中,范畴通过"精神"的形式和与之相关的"理解力"的形式,在历史中已经得到了全面的发展。我们逐渐地重构了《逻辑学》中那些前辈们很早就提出的概念或者范畴体系(ENCI§ 88)。

比如说,在从"存在"到"虚无"再到"生成"的运动中,某种程度上是纯粹的思想造成了这个运动,但《逻辑学》的读者重构了这个动态结构,因此让我们发展了坚守这些抽象思想并且不受"理解力"具象化的影响去理解它们的能力(ENCI§§ 11, 19—20)。纯粹思想甚至还拥有一种自由,因为它完全是"自在的",而且并不针对"其他";只要我们可以训练自己居住在这个纯粹思想中就可以体验这种自由(ENCI§§ 20A, 23—24A)。黑格尔认为这种训练在其他调查领域也是有用的,因为我们开始了解到思想究竟是什么,因此我们可以在一个更深的层次了解我们对于国家、历史、法律和"道德生活"等的思想(ENCI§§ 19—20A, 24A)。

第四章 黑格尔的百科全书：存在、自然和思想的结构

第三节 自然的必要性

在《自然哲学》(《哲学科学百科全书》) 中，黑格尔试图表述最终的自然概念结构，从空间和物质的范畴开始，通过化学和生物，最终到生命的诞生。他在研究自然结构的时候，尤其对出现的机械、化学和有机体系感兴趣，而且他想要他的解释适合所有关于自然的经验和科学观察。虽然黑格尔采用的一些特殊的化学和有机进程理论在20世纪并不被认可，但他的思想是基于他广泛的认识和他所能接触到的最好的科学，所以，即使用当时的标准去判断也是合理的。黑格尔设想他的自然哲学时想要保留的主要区别是在一个真正的哲学上接近自然的方法和一个经验或者自然科学的方法之间。他认为虽然这两种调查形式都是系统化的，但这个哲学方法的任务是为了解释自然的必要性，为了获取显现结构的自然界中的改变和转化，或者正如他所称呼的一样，是自然的"理性主义"。这里出现的对于自然的解释将是一个先验的解释，并不是一套放弃经验观察的概括。

虽然黑格尔研究自然的方法截然不同，但他并没有觉得他的观点跟当代的科学思想存在竞争关系，他甚至认为自然哲学家对那些经验科学结论的兴趣远没有那么随便。他不想陷入哲学家的圈套，用一个先验的反思开始，形成关于自然的合理结构，然后才会对经验科学结

论上心。但由于已经做出了一个先验的解释，研究者会被误导只去接受那些可以确认自然的经验结论，忽视或者丢弃那些不能确认自然的经验结论（ENCII§ 246R）。常规上任何自然哲学都会陷入到这个自私的圈套中，这个圈套也能称为一个"强大且先验的"解释，虽然黑格尔也时常提及这个，但有更多的文本证据支持这个看法，其中一个是自然中关于先验的弱化的概念。根据"弱化先验"的观点，自然哲学家对于经验科学发现的东西非常感兴趣，但也立志只要通过先验的反思重构经验科学一开始就立刻脱离经验数据，都是为了能够显示万物是如何必要且系统地组合在一起的。最后，科学家和哲学家都会在同一个地方结束，但他们抵达的方法截然不同（ENCII§ 246; ENCI§ 12R）。

　　黑格尔的作品表明他对于他那个年代顶尖科学家的发现还是很严肃的，这也支持了下面这个看法，他必须使用先验观点中那个弱化的版本。但是黑格尔并没有从经验观察所保证的东西中脱离，他开始发展他关于自然的有机概念，并且把它看成是超越还原主义者的唯物主义和康德的主观唯心主义的方法。黑格尔还用关于自然的有机概念去论述问题和自我意识都是自然发展中的阶段。有机的隐喻最终会把我们关于自然的解释和自然真正的方式聚集在一起，因为这些都享有一个共同且包含在有机整体中的结构。他认为从"我们的主观经验"和"真正的客观世界"之间的矛盾入手将会导致一个僵局，所以他使用了一个不同的方法。黑格尔早期对于康德主义者持有的基本的二元

第四章 黑格尔的百科全书：存在、自然和思想的结构

论的反应直接受到谢林和浪漫主义的影响，但到他事业的中期，由于自己的看法更加鲜明，黑格尔开始关心关于自然的有机概念可以用一个谨慎又科学的方法来详细阐述。

但黑格尔接受有机整体的运动中没有过多地采用康德的观点，而是尽量地避免它们，改变主体。这可能看起来像是一个不合理且含糊的演习，但黑格尔认为哲学产生了太多这样的僵局，采用的观点大多是没有用的。怀疑论产生了一个相关的僵局，黑格尔在《精神现象学》的介绍中考虑过它，他的回应是类似的：他知道怀疑论者不能直接得到答案，使用同样片面的概念只会给予怀疑论源源不断的力量，因此唯一的应对方法就是改变主体，和解释怀疑论的片面性的概念一起移动。当然那些怀疑论者不会视这些为合理的回应，但黑格尔却呼吁我们（而不是怀疑论者）继续看下去，当我们从他正在发展的系统又综合的观点开始回顾，我们会发现这个移动的合理性。对于自然的有机概念，黑格尔同样地希望我们能与之一起前进，他相信最后当整个观点成型的时候，我们会去接受它的。

康德当然是不能做出这样的移动的，当我们思考他对于目的论的治疗方法的时候，我们可以清楚地发现这个回绝意味着什么，他在《判断力批判》(*Critique of Judgment*)中称之为"自然目的"(CJ§64—65, 67)。康德认为目的论有两个本质的特征：首先，跟机械描述中部分优先于整体相反的是，在带有"自然目的"的有机体中，整体是优先于部分的。其次，有机体是自我引导和自我组织的。虽然

康德认为目的论的判断可能对系统化和完成我们对于这个物理世界的理解大有帮助，但他们的可用性一定是局限的；目的论只能是关于我们反思的一个"调整的原则"，而且我们并不会在自然事物中理解目的论（CJ§67）。

黑格尔发现康德关于目的论的分析很有用，就大规模地采用它，但进行了适当的修改，让你可以读懂那些关于自然的特性。当然，黑格尔想要说明的是目的论中那些可以读懂的关于自然的部分一定是"内在的"，而非"外在的"。他对于使用基督教理论或者活力论的外在目的论，或者主张自我组织的生物体需要一个自由意志或者自我意识这些不感兴趣。黑格尔只想要讨论的是拥有多种功能的自然客体，或者原始意向性，它们是作为关于被视为整体的自然的必要结构发展的一部分。

黑格尔拒绝了他那个时代的演化理论，因为它们缺乏资源来获取这个"内在的"目的论，所以他认为不能为自然中什么是必要的提供真正的解释。这是叫作"演化"（从最低层次的自然形式发展到最高层次），还是叫作"发散"（从最完美发展到最差的完美），以及是后成说还是先成说，黑格尔认为这些是可以观察但是解释不了的逐渐量化的过程（ENCII§249Z, 339Z2）。当然，与黑格尔同期的有些人认为内在的目的论是可观察的，而且你可以发现自我组织在起作用，但黑格尔并没有被说服（ENCII§249Z）。他坚持认为要想得到自然中起作用的必要性，必须要形成一个先验的解释。

第四章 黑格尔的百科全书：存在、自然和思想的结构

对于趋同演化的当代理论似乎就是黑格尔在寻找的东西，因为很明显它们就是依赖于关于功能紧急状态的先验的解释，在独立的有机体群体中产生相似的适应。这类趋同演化的案例十分有趣，在自然中，它们在可能发生什么和哪些是必要和系统的之间区分得十分明确。活的有机体经常发现自己身处这样的条件中，它们要么适应一种特定的环境挑战，要么灭绝。虽然相似的环境挑战出现在不同的时间和地点，自然似乎总是想出同样的解决策略，黑格尔会将这种解释为自然必要性的主张。

所以，比如说，视线的基本结构和眼睛的机制都在整个自然界的种种有机体中重演。这些有机体都有一样的普通演化压力，因为它们生活在一个明亮又透明的中介中，它们为了生存和繁殖必须要四处迁徙。在这样的条件下，这些有机体视线的典型形式最终不再那么有效果和高效率。比如像丹尼尔·丹尼特这样的哲学家和斯图亚特·考夫曼（Stuart Kauffman）这样的演化生物学家，都在要求和组织原则两方面开始重新制定整个趋同演化的现象，而这就是黑格尔想要选择的理论。根据这个重新阐述，关注点不再是有机体所获得的最终适应，而是有机体似乎所采用的基本设计要求和工程原则。这就是黑格尔对于有机体内部目的论的扩展，所以现在它们的自我组织活动才可以当成是正式的要求和原则。

黑格尔对合理性或者自然结构十分感兴趣，它在偶然性的各个层次中得到重构，尤其是在结构解释了有机体为了生存必须采取"被迫

移动"的地点中。虽然黑格尔并没有用这种方法描述自然结构的特征,但可能这样想会有帮助:是否有其他的"被迫移动"存在自然中,塑造了人类的历史。比如,对人类来说语言习得是否就是一种"被迫移动"?一些心理学或者现象学的状态就是"被迫移动"呢?以及是否存在一系列能够重构的"被迫移动"?黑格尔认为这些问题将我们从自然的领域中脱离开来,进入"精神"的领域中。正是在"精神"这一领域我们找到了自然中"被迫移动"的类比,但这个类比性质上有个不同的外形,因为黑格尔认为"精神"引入了自我意识和内在性,而这些是不会出现在纯粹的自然中的。

第四节 精神的出现

黑格尔的《心智哲学》,也就是《哲学科学百科全书》的第三部分,展示了自我意识的"精神"是如何从自然中产生并且察觉到自己的;因为我们人类的活动是"有思想的"或者说我们的特征是"精神",因为我们不仅跟其他有机体一样是自然的一部分,还是"精神"的自我意识,从某种意义上说,自然开始知道自己是自然。在黑格尔的体系中,理解上面这一层,理解他独特的基于结构取代物质的形而上学类型就会变得简单,因为关于"精神"的关键点之一就是"精

第四章 黑格尔的百科全书:存在、自然和思想的结构

神"并不是一种"东西";用黑格尔的话说就是"精神就是精神做了什么,以及它的行为使自己变成自我意识的客体"(PR§ 343)。在这一部分中,黑格尔还扩展了他关于"精神"的想法,超越了《精神现象学》中的观点,包括对于个人心理从自然中产生,开始思考、希望和反思的解释。这个个人心理将会变成"主观精神",完成自己全部的计划,其中就包括了"客观精神"、社会群体、机构和国家的"心智"以及"绝对精神"。这"绝对精神"就是关于超越任何特殊群体或者政治国家限制的基本价值观和兴趣的最高级且有秩序的反应。

首先,德语词汇 Geist 的翻译就很困难,因为它既可以表示"思想"或"精神",甚至还与"灵魂"和"幽灵"有词源学上的联系;但这些翻译都是误导人的。最好将它理解为"心智"或者"精神性",这样才与黑格尔的理解更加接近,避免了传统翻译中形而上学的内涵。这种自然化又去神秘化的讨论"精神"的方法也显示了"精神"与自然的关系:不存在非自然的关于"精神"的东西,它更像是一种新兴的自然财产,出现在结构和复杂性正确的类型恰好在正确的位置的时候。在自然历史中,我们人类一开始通过那些小方法获得了内在性和内在导向性,然后逐渐地获取使自己脱离自然必要性的能力(ENCIII§ 381)。黑格尔认为纯粹的事件是通过力量、引力和摩擦等的"外在"原则来解释的,而且在它能支持"精神"的出现前还有很长的一段路要走;当"精神"出现的时候,虽然它是自我导向的,但是可以通过自身的"内在"原则来解释自己。

从黑格尔出发
Starting with Hegel

黑格尔认为我们的首次自我隔离移动采用了习惯这一形式:我们的自然精神状态是分离但重要的,我们对于感知和感情的意识是基础的,但在某种程度上我们的行动成为习惯,为我们打开了一种新的可能性(ENCIII§ 409—410)。如果一个人习惯于用一种特定的方式表现,那么在这个表现中产生的任何感知和感情都会被推到一边,不能立刻起作用。这就产生了一种意识,一个人的感知和感情不能自动决定自身的决定,为自我导向性创造了一个空间。但黑格尔强调这个过程是由小的步骤组成的,习惯的产生类似于某种地标,因为它让我们能一瞥"自在"的自己,但这只是漫长又逐渐地发展过程中的一个时刻而已(ENCIII§ 410)。黑格尔认为在习惯之前还有一系列我们与其他动物共享,我们重述儿童时代已做过的必要阶段;他还认为我们可以在精神失常、行走和睡觉中找到这些早期阶段的回声(ENCIII§ 398)。黑格尔指出"精神"的出现是必然的,注定会在某时某地出现的。这个出现的特征将取决于一系列可能发生的因素;在任何情况下,相比发展的所有阶段,他对于确切的历史细节更关心。

这个逐步过程的一个显著特点是缺乏透明性:个人基本没有察觉到当"精神"从自然中出现的时候将会发生什么。我们是不知道自己的意图,起码在我们的自我理解和发展达到一个很高的境界之前是不知道的;我们对于这些东西的意识和理解存在于一个统一体中。这是黑格尔解释中一个很重要的特征,因为它表明了黑格尔反对包括笛卡儿在内的那些认为思想对于我们是即时透明的哲学家;黑格尔认为主

第四章 黑格尔的百科全书:存在、自然和思想的结构

观性和内在性是逐步生根的,我们对于机构和意图的理解也必须要相应地发展。因为我们不能完全地脱离自然的必要性,所以我们必须得一直评估可能发生的临时影响对于我们的意图和行动造成的结果。

随着"精神"的出现,我们也找到了黑格尔自身准则,即"失去自我是为了找到自我"的大规模应用,尽管"精神"有不同的表现形式和很多的发展阶段,但这一准则都强调了它就像一个个体的自我。这一"精神"是自然中的"心智"部分,是黑格尔关于有机统一和自我发展思想的自然扩展:"精神"就像拥有自身动态、自我导向和目标导向行为的有机体,它的目标就是了解自己。所以,首先我们意识到的自己是带有兴趣和欲望的生物体,似乎在反对自然;比如说,我们对于食物的欲望要求我们面对自然并且吃掉它,同时其他自然中的生物会试图吃掉我们。但随着时间的流逝,我们开始领会我们那欲望和兴趣的结构也显现在其他领域(首先在其他生物体中,但最终我们会把这些看成是纯粹思想的方式);在这一点上,我们"失去了自己"并把自己给了自然,因为那些曾经是"我们的"经验现在变成了自然的一个普遍特征,我们的"自我"已经在自然中溶解。但在我们完全理解作为一个整体的自然之后,我们又会寻找自己,现在我们可以识别出自然的结构并且在里面"自由自在"。在整个实践对于自然科学和哲学的问询中,我们重构了这个自我导向和目标导向的行为;在思考与之相匹配的关于自然的解释时,我们也意识到自然已经成为一种特定的方法,衍生像我们这样的生物——忙于检测自然,并想要在其

中"自由自在"的生物。

黑格尔对于"精神"的解释十分接近于他对于"本质"或者"实质"的看法，而在《法哲学原理》中，这一看法最终被他指定为历史上的"道德生活"的特定内容。他用的术语是德语 Wesen，是"存在""本质""实质"或者"事物的本质"的意思，他也经常用"实质性"和"本质"来代替（PR§ 145, 147, 153）。虽然黑格尔这里用的是传统的语言，但是他的本质论仍旧在避免形而上学的看法，也就是亚里士多德在《尼各马可伦理学》(*Nicomachean Ethics*) 中的观点。黑格尔的本质论可以描述为一种"内在的"或者"历史化的"自然主义，表明了不同于历史时期以及特定文化和政治时期的本质，并且只能作为一个特定的群体的自我理解来表示。形而上学的本质论拥有的"本质"或者"实质"在不同的文化或历史时期并没有不同；不同的是内容而已。本质起作用是遵循之前所提的虚弱声明，也就是我们使用语言的生物，我们是社会性的动物，或者我们是一种可以接受不同观点的生物体，而这些观点是关于从特殊到一般的统一体。黑格尔认为我们的"本质"在特定的文化、历史和政治环境中得到确定；它不能参照那些永恒的、关于作为个体我们是谁的最终真理得到制定。我们一直处于通过历史制定自身的本质的过程中，所以自我理解这一活动将会一直是努力理解我们生活的时代的活动，一直是我们如何能说好我们使用的概念、我们追求的理想以及我们所接受的"自我"的活动。

第四章 黑格尔的百科全书：存在、自然和思想的结构

黑格尔认为"道德生活"就是"精神生活和展示的一个世界"以及"精神"开始"作为精神"存在的环境（PR§151），"道德生活"的本质会通过我们对自己集体的解释和对最基本的价值观与兴趣的评价得到表达。考虑到甚至去试图描述小群体的异质性和多元化的实际情况，获取这种文化或者政治群体的"自我理解"似乎是不可能的，更别说一个历史时期的了；但黑格尔认为从一般的社会渴望中去讨论这种理解还是可能的。比如，在《法哲学原理》中，黑格尔接受了人性的"本质"或者"实质性"，因为它确实存在于现代国家的特定语境中，通过两种似乎对立的渴望得到表达，一种渴望是自治、消极权利和个性化；另一种是有表现力的整体、群体和团结（PR§§22—32）。也有关于成为一个生活在这个现代时期人的非常普通的"本质"，但黑格尔认为这也就是说一个人必须确保我们的选择和结果符合我们，且不得求助于权威。心中有这样一个本质概念，看懂黑格尔的观点就会简单起来，得到认识的自我并不是一个，而是很多个。黑格尔将它认为是一种教条主义，对于获得自由，只有一种自我理解，一种自我认同是够格的；他的观点是现代性已经给予了可能性，个体将有多重的身份，每一种身份都可以通过参与活动的有组织机构形式来得到实现。

正如习惯在"主观精神"的产生中是重要的第一步，它在"客观精神"的产生中也有同样的角色：只有当一个群体通过特定且变成内部化和习惯化的标准组织起来的时候，"客观精神"才得以实

现。当一个人习惯于群体的标准时,那这个人就将自己与任何违背这些标准的欲望隔离开来,而这也使得这个人去接受一个独立于其个人自我之外的社会的身份和自我。在这些集体共享的标准里的内容将会是"道德生活"的"实质",同时文化机制和实践也会支持它。在这个观点中,文化中教化的机制对"道德生活"的动态稳定性十分重要,因为这些机制使我们习惯于依照"客观理性"采取行动。"绝对精神"将需要关于基本价值观和兴趣的共同反思,而这反思在这个情境中是支持"客观理性"以及普通"道德生活"的"实质"的。在《哲学科学百科全书》压缩的这一部分中,这些描述虽然都是一带而过,但都会出现在《法哲学原理》第三部分中,"客观精神"这一主题将得到详细的概述。

《法哲学原理》：作为自我实现的自由

第五章

从黑格尔出发
Starting with Hegel

当我们听到有人将所谓一般的自由理解为包含了能够做自己喜欢做的事情，我们会认为这样的人完全缺乏智商；因为这个想法显示了这样的人完全没有理解组成意愿的到底是什么，而意愿在自身和对自身、权利或者道德等是自由的。(PR§ 15)

在1959年，欧涅·格尔曼（Ornette Coleman），一个实际上没有名气的萨克斯管演奏者，在纽约一个著名的爵士俱乐部里进行了一系列的表演，随后很快便在评论家、音乐家和听众之间产生了争议。格尔曼的演奏似乎抛弃了和谐的结构、典型的歌曲形式，甚至很多长期被视为理所当然的基本的节奏习惯；而且他吹奏萨克斯管的技巧也没有符合那些被接受的标准。格尔曼似乎只是在追求更多的自由[从他1960年的专辑名字《自由的爵士》(*Free Jazz*)中可以看出来，之后"自由的爵士"变成了这种爵士风格的代名词]，我们可能会期待那些爵士音乐家同行们能激情澎湃地加入这种风格中，但事实并不是这样。其他音乐家的反应十分令人震惊，他们对格尔曼充满了敌意，认

第五章 《法哲学原理》：作为自我实现的自由

为他是一个冒充内行的骗子。而知道其中的原因十分重要。

关于爵士即兴创作的普遍观点是认为爵士音乐家很享受一种满足的自由状态，也就是能自发并且异想天开地演奏"自己喜欢演奏的东西"；这种自由——"能做自己想做的事情"被认为是令人满意的，甚至深层次地解放了自己，是关于一般自由的普遍观点的应用。在这个自由观点中，任何对于自己想做的事情的干涉或者限制都会减少自身的自由。哲学家试图称这种观点为"如同不干涉的自由"或者"消极自由"。但某种程度上，所有的爵士音乐家都已经拒绝了这个如同不干涉的自由概念，因为他们知道音乐是出现在限制、标准和规则的情境下的，但他们认为这些"干涉"的形式不是对他们自由的限制，而是产生了一种结构化的情境，自由在这里面变得有意义。比如说，任何爵士的合奏都要依据一套结构化的规则来演奏，这些规则某种程度上决定了音乐家们对乐谱的命名是如何反应的。甚至在演奏前，关于和谐、节奏、韵律和记谱法的标准都在对写出这首音乐曲子的作家起到影响。而且对于想快速创作的那些即兴音乐家，他们也是采用了相似的标准结构。

音乐家们至少委婉地拒绝了如同不干涉的自由概念，用如同自我认识的自由概念来代替。虽然音乐家能在任何时间表演任何音符，但他或她演奏的时候还是遵循音乐的标准规范，这也变成了自我认识的启用条件。也就是说，音乐家开始识别这些限制，认为它们是自愿被接受的，但必须要明白整个合奏的想法是假设音乐家的多样性能自愿地限制且同步化处理自身来谱写音乐。对音乐家来说，确认音乐规则和音乐合奏，以及同它们一起工作是作为一个音乐家表达自我的一种形式，即音乐自我的实现。这个结构使得一个人能参与自我认识，并且确认这个结构的过程是一种承担责任的行动，甚至可能是一种英雄式的接受，还可以描述成一种"深思的认同"。一个人外部化了自身的意愿，正如把这个意愿投影到音乐结构中去一样，也是在将同样的结构内部化到这个人关于自我的概念中去。

但倘若我们止步于此，我们可能会担忧这些音乐的标准、规矩和结构是否就是对的。一组不同的音乐标准会不会"更好"？音乐家真的就把自己交付给一个随意的权威来源？黑格尔的自由理论就有很多东西可以拿来解释，还能分析得更加透彻。在黑格尔的想法中，任何标准的结构都会为自我实现提供一个情境，同时这个情境也会受到自己内部行动做出的评估的支配。一个人单单遵循游戏的规则，而不去理解为什么这个游戏这么好玩，或者为什么这些规则最好地诠释了游戏的基本主旨的话，那么是远远不够的。更高的顺序评估需要人们处在一个状态中去重新诠释规则的体系，而这个状态就是：人们追寻自我实现，并且考虑这个体系是否连贯和持续，这个体系能否实现自己为自身设定的目标。

在音乐家这个事例中，黑格尔认为音乐家要想真的自由，那么他或她必须得清楚和谐与作曲的结构，支配即兴创作的标准，而且如果规则体系需要调整，那么音乐家还得有影响和调整这个体系的能力。

第五章 《法哲学原理》：作为自我实现的自由

黑格尔还认为音乐家必须能说明音乐机制是为了达到什么目标，他们为自身设置的准则是什么，以及目前这套规则和标准能否满足这些准则。并不是为了能演奏好，音乐家必须实施这种评估；而是如果音乐家不能参与到这种更高顺序评价和自我反思中去的话，是不能真的自由的。

1959年，众多评论家和音乐家质问欧涅·格尔曼的问题基本上是这个：为何如此厚颜无耻且断然地拒绝爵士乐的标准结构？他们的自答是他肯定完全误解了这个结构在爵士中的角色。音乐家宣称结构是可能自由的一个条件自然是对的，但是对于格尔曼的音乐，他们是问错了问题；但黑格尔的哲学却可以让我们提出正确的问题：格尔曼是否参与到更高的关于爵士本身的标准结构的顺序反思中去？现在回顾这些事情，可以这么说，格尔曼实际上是在质询整个标准结构。虽然我们可能不同意格尔曼的分析、结论或者策略，我们可能也不喜欢他的音乐，但我们起码可以确认的是我们的不同意是对于艺术的基本追求。格尔曼自然不是一个骗子，他只是进行了深层次的哲学反思，而黑格尔的哲学思想帮我们意识到了这些。

在这一章中，我讲的主要是黑格尔的《法哲学原理》，包含了自由理论的全部解释和细化，从自由意志的抽象本质延伸到现代国家的具体情境。我要讨论的主要是：（1）自我实现和"道德生活"；（2）识别和外化；（3）依据理性行动；（4）教化和同业公会。回顾黑格尔的推测解释学，将之应用于政治哲学，主要是"将国家描述为一个固有的理性实体"。这一章主要集中在现代国家中黑格尔认为的"理性主义",至于他对于国家的推测解释学的治疗方法将会在以下两章讨论。

第一节 自我实现和"道德生活"

《法哲学原理》（1821年出版）是黑格尔关于政治哲学的主要作品,也是《哲学科学百科全书》（早于《法哲学原理》几年出版）第三部分《心智哲学》的扩展版本。这本书以及他在大学开的课程（1817—1831年共授课七次）一起形成和发展了关于宪法和民主的国家的理论,而这个国家是为自由和"道德生活"的合理设定。在现代国家的情境中,对于我们这些现代人来说"道德生活"代表了自由的完全实现;它还是整个代表自由的社会关系和机制,组成了社群生活的基本方法。黑格尔认为当"道德生活"通过现代国家得以实现的时候,"精神"也就完全表达了自己（PR§§ 142—157）。他认为在"道德生活"中,自治、个性和自我创造与统一、团结和社群之间的矛盾可以得到充分的和解;现代性的那些特点——各种病态和不适也能够被避免,因为在"道德生活"中我们实际上获得了我们一直在寻找的理想的自由。

黑格尔认为现代的"道德生活"是一个充满希望的想法,因为它

第五章 《法哲学原理》：作为自我实现的自由

捕获了对于个人组成的整体社会来说，自由像什么，将我们关于理性和理性的自我决定的想法转移到社会整体层面。在"道德生活"中，理性和理性主义体现在社会的实践和机制中，轮流产生了标准并指引我们的实践推理。在生活中我们已经很熟练地能够仔细观察自己的理性、选择和行动，但在"道德生活"中，我们将会适应理性和理由实践的社会内容；我们将会协调对于自己什么算作理性和对于大家什么算作理性之间的差异。在《法哲学原理》中，黑格尔认为"道德生活"克服了与更多自由个性理论联系的矛盾，也解决了从传统思考道德方法中产生的问题；《法哲学原理》的结构表明了一个论点："抽象权利"——关于如同不干涉的自由的个人观点，被"道德"所代替，随后"道德"又被"道德生活"所取代。

思考自由最基本与抽象的方法就是从拥有和财产出发，这也是黑格尔所指的"抽象权利"的特征。这个观点十分接近于当代的自由主义和18世纪经典的自由主义，只要我们能使用自己的财产，我们就是自由的。而且在没有他人干涉的情况下，获取和维持财产的能力表达了我们的渴望和兴趣，产生了一种对于财产"自然的"权利；拥有财产是保证别人不干涉最好的方法，因为一个人对如何掌控自己的财产有专有的权利。但黑格尔认为虽然这种想法的方式含有一些我们的基本直觉，但当考虑到逐渐出现的对财产权利无法避免的侵犯时，它就遇到了问题。在任何社会中，对于私有财产，都会发生偷窃和抢劫，削弱了财产权利的标准基础；但黑格尔也提出了这些违反是怎么解决的问题。决定谁对，谁错，谁应该被赔偿，谁应该被惩罚，这些不应该在"抽象权利"的狭隘限制中进行。如果自由仅仅就是我想要什么和我拥有什么的关系的话，那么就不存在有用的方法可以用来讨论这套自然而然出现且支持财产权利体系的社会常规和道德义务。如果我们试图去接受关于权利、常规和义务如何在这里公正运转的看法会发现我们已经丢弃了对于"抽象权利"的看法。

黑格尔认为，我们需要更加丰富的关于"道德"的概念资源来清理在"抽象权利"中出现的问题；"道德"是"抽象权利"的代替。为了解决权利冲突时出现的问题，我们需要一些关于对于他人的义务的普遍概念，来获取一整套任何人都会为自己争取的权利（不仅仅是财产权）。虽然在这点上自由意味的不仅仅是它在"抽象权利"中的表现；在"道德"情境中，自由所要求的是只有一个人接受了这些道德原则或者道德"产品"，这个人才会接受"自身拥有的"。在这里黑格尔同意康德的观点——道德代理是自由、理性的，以及为了道德职责有义务单独行动；但黑格尔也认为康德的道德观从根本上是不确定的，因为"绝对迫切"只有在具体表明一个人不应该做什么的时候才是有效的，即使在那个时候，任何诸如此类的决定也都要适合它所在的内容。所以一方面，黑格尔想要肯定康德所有的道德代理都有权利按照"意识"采取行动（因此在任何情况下谁都不应该屈服于胁迫或控制）上有所贡献；但是另一方面，康德仍应该因为"道德"的观点而受到一些指责，因为他的观点很明显缺乏一些概念资源，不能为

第五章 《法哲学原理》：作为自我实现的自由

人们的理性推理提供内容。

正因为没有为了理性推理而共享的内容，所以留给我们的社会是很紧张的，留下的一套关于什么是对、什么是好、什么是合理等的观点都是多样又混乱的。这也是为什么需要"道德生活"，为什么它能作为"道德"的替代："道德生活"提供了一套共享的标准和一个普遍的生活方法，这套标准和方法作为能让所有人自由的条件是很合理的。但因为黑格尔想要确定"抽象权利"和"道德"中都有一些对的成分，即使被超越了它们也被部分保存了，所以他总结出私人财产和一套实质的个人权利是"道德生活"的特征。黑格尔认为，"道德生活"中这三个活动的主要方面是家庭、公民社会和国家。每一个方面都允许我们表达出现代人性的必要特征，但并没有让我们逊色或者胜过其他人。

一个人很可能怀疑黑格尔对于"道德生活"的理解是因为对公元前15世纪雅典的城邦的怀旧而特别有生气与活力；但黑格尔尽力将自己的观点从这种怀旧的浪漫主义中分离出来，在《精神现象学》《历史哲学》《历史哲学讲座》和《法哲学原理》中，他很明显都在拒绝这个关于自由的古代的概念。黑格尔认为，这种批判的反思和从一个人的社会角色和身份中的分离并不能坚定地支持古希腊人；这些自省的实践和他们预设的个人主义强势的一面，为了充分发展都需要罗马社会的机制支持。黑格尔也希望"道德生活"在现代国家中成为可能，所以他假设任何现代社会都是多元论的，都是多样的，并且充满了矛盾和异议。到最后,黑格尔始终捍卫了个人权利,让它们成为"道德生活"的核心;个体将会一直拥有从自身角色中提取的能力,一定会在某种程度上被识别为个体(PR§ 124, 185)。

带着"道德生活"这个思想和《法哲学原理》中总的论点,再思考黑格尔对于自由的核心看法,现在我们应该明白:自由是"在一个人的其他中,自己很自在"(ENCI§ 24A2; PR§ 7A)。"道德生活"的多重层面表明看成一个人的"其他"的东西将会取决于情境。我们必须要思考"自己很自在"可以看成:我们的个人选择、行动和结果;在各种机制和政治的情境中与其他人的社会互动;我们在历史、自然和宇宙中的位置。如果我们认为《法哲学原理》与《哲学科学百科全书》的第三部分是类似的,那么首先要去好好理解黑格尔对于自由的三重结构:"主观""客观"和"绝对"。黑格尔的问题也就变成了:在所有相关的领域中,可能识别一个人的自我和行动的条件是什么?《法哲学原理》主要涉及的是"主观"和"客观"自由,但它的确确立了国家是实施"绝对"自由的一个前提。在每个结构水平上,倘若我们都是"自在的",反思和理解我们正在做的事情就很有必要,而且黑格尔还认为自由是存在于行动与行动表示自由的认知中(PR§§ 142, 146—147, 152, 257—258, 260, 268)。

"主观自由"要求一个人得识别自己的行动和结果,而这就需要独立、自我导向性和自治的一些感受。一个人应能简单地为这些行动和结果产生理性,而理性源于这个人的偏爱和愿望等诸如此类的东

第五章 《法哲学原理》：作为自我实现的自由

西。主观自由的特点——这个识别很明显被外部或者随意的胁迫削弱了，但它也会被内部的力量所削弱，比如说愿望或者动力，它们加快了上瘾，干扰了这个人所采取的计划，而这些计划是真实的，用来表现真的自我（ENCIII§ 475R）。"客观自由"需要外化我们的意愿，这样，就能比较自然地理解我们的行动和结果是受到其他的行动和结果所影响的。比如说，我们生活中的很多事情，明显受到我们的社会、政治和历史环境的影响，因为我们的选择有限，更因为很多影响这些选择的核心价值观是传承于我们的本土文化的。即使我们对自己的选择拥有所谓的正当理由，也可能是暗含着针对他人意图的。从"客观自由"的层面上来看，文化和制度对我们运用理性是有影响的。黑格尔称这种最高水平的自由为"绝对"，需要我们培养自身的能力来理解那些影响我们行为和结果的最广泛的社会关系。这包括了历史、文化、自然和宇宙深层结构的调解。理解这些调解通常是很复杂和困难的，重建一个人对于自身普遍的自我认识的结论也可能很困难。这类反思是"绝对自由"的典型特征，被实施的领域有艺术、宗教和哲学。

　　黑格尔对于自由的理论被刻画成一个关于"理性的自我实现"的理论：同时我们开始知道也开始成为自己，我们也在规划或者外化自己到这个世界中去，将世界再统一到我们中去。这个双向运动很重要，因为它表明了运动对于仅仅用来表示的意愿并不足够：对黑格尔来说，自由并不仅仅是"自在"，而是"在其他中自在"（PR§ 5）。黑格尔认为我们理应在自己和世界之间去寻找一种调解的身份，而且是通过理性来完成的。正如我们所知的,理性和合理性都是社会必要的,所以我们寻找的调解身份将会需要内部化合理性"道德生活"的结构。

最后的评论就是,想象一下黑格尔的自由的宽度和抱负:即使是以在一个可行的政治理论中使用听起来很笨拙、不实际又不可能的使用方法为代价,自由还是广泛而又深沉的。它当然比当代自由主义者所熟悉的如同不干涉的自由("消极的"自由)概念要广泛,同时也不怎么符合叫作"社群主义者"("积极的")自由的轮廓。这个自由抵抗"消极"或者"积极"的特性化,因为它试图想要同时获取这两个特征;黑格尔的自由所要求的条件是在一个社会关系的情境中所确立的,需要一些不干涉和积极识别的关系。实际上,黑格尔对此的抱负是给人类社会和政治生活提供一个积极的构图,以至于很多的独立能在当代的政治哲学中,在"古代人"与"现代人"的自由之间,在社群主义者和自由主义者之间,以及在个体观与整体观之间能够出现,然后再被克服。

第二节 认同和外化

"主观"自由最大的特点就在于认同的过程,因为黑格尔认为这必须包含一定水平的理解和意识,所以最好把它解释成一种"反思的

第五章 《法哲学原理》：作为自我实现的自由

认同"。他认为现代的个体认为自己不但拥有在所发现的角色中无限的分离能力，而且还拥有无限的识别这些角色的能力；一个人要想获得自由和完成自我实现，就必须通过同时肯定认同的确定性和分离的不确定性，而且每个相联系的能力都是在反思的认同中得以运用的。黑格尔认为反思的认同有三个阶段：（1）一个人从任何角色或者认同中分离出来，想象意愿拥有无限的可能；（2）这个人"决定"或者想象自己在一个确定的角色或者身份中；（3）这个人确定前面两个阶段，但并没有将两个看成确定的、有意识地接受正在讨论中的行动或者结果（PR§ 4—10, 14; PHG§ 177）。反思的认同就是这三个阶段组织在一起，可以确定自我和行动之间的身份。

反思的认同的第一阶段使用的是康德的自由理论的基本轮廓——理性的自我决定，这里的任务是从可能发生的或者"他律的"意愿源泉中分离，单单是为了职责而去行动；但提出了理由来说明为何要抵制对这个康德理论的任何同化现象。首先，虽然黑格尔的起始点是对于自由和任性的意愿的假设，对于他来说是一个历史的角度，而不是一个形而上学的角度，但对于康德来说是形而上学的角度：黑格尔的观点是现代人已经开始认为自己拥有的意愿是自由且自治的，而且这已经足够去发展我们的能力来反思结果，将自身从角色和身份中分离出来（LHPI pp.29—48）。在理性和激情之间康德也觉得有一个严密的对立，但黑格尔拒绝了这个看法，因为它产出的自我概念是分叉和异化的。其次，对于康德来说，理性是普遍和正式的，但对于黑格尔来说，理性是在历史中展开的，并且一定会被社会和机制的结构所接纳（LHPI pp.49—54）。最后，对于黑格尔来说，个性是在主体间调解的，而且从根本上重塑了自我决定的整个模型，引入了一种在康德的观点中不存在的自我疏离和模糊性。

反思的认同中最重要的一部分是第三个阶段，展示了从熟知的唯意志论的自我决定和自治的模式中一个定性的突破。这个定性的突破是对根本独立的意志的一种代替，是需要一个不同的方法来谈论我们对于拥有一个独立意志的理解，来接纳一种特定的谦逊和一个模糊的移动。黑格尔认为这种承认自己是一个"人"的能力是一种提取，某种意义上就是人性的最大成就，与此同时，这种能力也有一个被蔑视的局限性：这个自然世界中没有其他的动物，或者在现代化之前没有其他的人能接受关于这个抽象的人的悖论（PR§ 35）。反思的认同实际上是对于这个悖论的一种英雄式接受：一个人意识到自己提取的能力，而且知道这种提取在神话中有所预测，然后带着所有的偶然性和模糊性，也确认了自己的选择、行动和结果。

黑格尔自由的第二部分，"客观自由"要求一个人得外化自己的意愿，作为竭尽全力在"自我"和世界之间确立一个调解又统一的一部分。这也就是说一个人必须要理解这个"客观的"标准结构（机构），因为在这里面要制定和实施我们的行动和目的。为了在这个机构里面能觉得"自在"，这个人必须识别和接受这些表现自己是谁和什么的结构。这里有一个双向运动，外化和内化：这个人的行动和目

第五章 《法哲学原理》：作为自我实现的自由

的被带"出"自身然后进入世界中，然后因为外化而显现的调解在内化的过程中被带"回"到自身中。这表明当确立调解的统一时，"自我"经历了一些变化，而且这个"自我"更多的是自由的结果而不是开端。

当黑格尔在《法哲学原理》的介绍中分析自由意志和具体说明它的三个阶段（"反思的认同"的三个阶段）时，很重要的一点就是这个结构反映了黑格尔在现象学中解释纯粹认识的阶段（PR§ 7A）。这两个解释都以一个利己的自我为开始，这个自我将别人都看成自己独立的威胁，但是这个阶段接着会被一个知道独立的途径，其实是通过依赖的自我所取代。当然，《法哲学原理》是考虑纯粹认识的一个不同的情境：虽然现象学记录了意识首次在个人层面上的经历，然后在历史上通过基督教，最终到达"绝对知识"，但它并没有处理《法哲学原理》的主题——现代国家。在《精神现象学》的叙述中，相互认识的关系在政治方面从来都是不稳定的，但在现代国家中，如果这个国家是理性的，那么相互认识的关系就已经存在了。所以，任何人都没有必要去重温在主人—奴隶的辩证法中为认识所做的斗争（ENCIII§ 432A）。"抽象权利"是从主观独立方面来考虑自由的，但是现在，如果要坚持黑格尔关于纯粹认识的理论，我们就必须要接受悖论的含义，也就是真正的独立需要依赖，一个人不可能单单只有独立。一个人，只有理解"个体的独立"实际上也是一种依靠，才能成为真正的个体。这类概念争论使个体的思考变得丰富。这就从根本上改变了有关行动与结果的选择理由的讨论了。

纯粹认识的回归表明了"道德生活"的一个有用的特点,纯粹认识的体系是稳定的,而且有机构上的支持,包括了在家庭、公民社会和国家中所有认识的形式。当然,这些领域中所有认识的形式并不都是相同的,所以一个人必须要想象出这些是如何开始一个连续体,从外在和部分到发展和完成。当这个人在公民社会中充当一个个体,交换物品,签订合同等,他或她拥有了一种认识;这种认识是轻薄和外在的,但它授予了公民社会中的任何人跟有权力的人一样的地位,能对于某些干涉提出索赔以及发展一些能承担的东西。实际上,这种外在和部分的认识跟黑格尔所认为的公民社会的主要功能是紧密联系在一起的,作为个性能在里面充分发展的交互的一部分。

黑格尔认为公民社会和它的基础——自由的竞争市场,是人类交互的不可分割的一部分,因为这些促进了个人的自由发展并将个人兴趣的特殊性和整个社会群体利益的普遍性带到了一起(理想化地)。这是前期的功能,促进了资产阶级的自由,在那些于公民社会交流的代理人中最主要也最明显;后期的功能,特殊与普遍的结合,一开始发生在代理人的"后面",只有在个体通过教化的过程中受到教育以及向一种更加宽广的视角同化的时候,它才会在引导行为上变成一个有意识的影响。黑格尔认为这种在公民社会中发展和形成的自由是特别现代化的:主观自由一开始被认为是希腊的一种威胁,然后逐渐在基督教的宗教情境中发展,第一个关于它的完美显示发生在法国

第五章 《法哲学原理》：作为自我实现的自由

大革命中。公民社会是"道德生活"的一部分，但是这个市场中对抗以及个人主义为导向的利益是基于经济领域，不能被允许去削弱存在于"道德生活"的功能平衡中的其他重要利益（PR§ 185）。

首先，公民社会保留了特定的现代自由，体现在个体参与到商品的交换，实际上参照交换的标准来行事（PR§§ 217—218）。在这个基本的水平上，黑格尔感兴趣的是个体在公民社会中的活动——他或她分配可分割的财产、金钱、劳动力或者货物，用来交换其他的商品。黑格尔这么看重这个并不是因为它有一个固有的好处，我们都可以提供这个社会所拥有的各种各样的商品，而是因为一个人所拥有的财产表达我们自由的意志，因为我们可以用我们所拥有的财产来交换其他人的财产。这个交换就是纯粹认识的行动，在这里我们可以发现作为个体的其他人拥有一个自由意志和可分割的财产。在这一点上，那些交换货物的个体并没有在纯粹认识的三个阶段中充分认识到彼此；他们反而体现了理性的利己主义者的观点，他们必然会被拉进与其他想法相同的个体的交流中，他们一定会认为彼此是一样。黑格尔想要从中得到的东西是确立进行交换的最小标准，也就是标准的整体聚集，可以控制商品交换的行为也给了一个事实——这些交流是相互认识的部分行动。这些标准是普遍的，因为这些人忽视了个体的特殊性，仅仅是在确立个体之间的交换关系中发展的（PR§ 182）。

黑格尔的观点是，现代社会中的个人在不同的领域都有活动，所以必须在法律上被承认是人、主体和个体。一个发展的法律体系是渴望识别所有多样个性以及其中的每一个,当这些被当作一个整体的时候,就是一个关于所有关系的体系,可以表示相互认识。因为法律是动态的,它就受正在进行的改革的支配,而这些改革其实就是我们关于不断演化的自我的认识在发展。对于黑格尔来说,这个自由的个体就是一个不再能从计划中观察到可以获得关于他或她的行为和目的的确定性的人,因为这个计划是被单独进行的。通过相互认识这个人学到的是一个人为了获得自由,为了能够自在,所拥有的最好的希望是和其他能自由授予彼此代理身份、赋予每个人的职责的个体在一起。如果个体生活在现代国家的情境中,随着"道德生活"逐步被实现,他或她在某种程度上就已经存在于认识的关系中了。

第三节 依照理性去行动

黑格尔自由的第三个要素,"绝对"自由,需要我们去理解和接受可能存在的最广泛的标准结构,因为这个结构调解了我们的行为和目的。在这一水平上思考我们的自由,我们是要努力内部化"理性"或者这个世界的基本组织结构,黑格尔认为这将会以一种宽广又实践的理性主义出现,将会递归地塑造我们思考自由其他阶段("主观"和"客观")的方法。黑格尔的自由理论是作为一种自我认识依靠在道德

第五章 《法哲学原理》：作为自我实现的自由

的理性主义上的、与通过社会结构来表达理性主义的方法紧密联系在一起，而这一社会结构最终是通过共同的自我反思得以成型（PR§§ 28，145）。这不仅对于这一水平上我们的政治选择和参与至关重要，而且对于这一水平上我们在艺术、宗教和"绝对精神"的领域——哲学中的反思至关重要。

黑格尔认为自由的行动是指依照理性去行动，这么解释非常重要："按照理性去行动"更好地捕获了"理性地行动"的语言风格，一个人不仅按照自己所采用的理性去行动成为"自己"，而且这些理性也符合客观存在的社会结构，而这个结构是用来确认这些理性，以及提供这个人可以将这些理性转化到行动中去的情境。按照理性去行动不能理解为是锻炼心智能力；它更像是一种生存的方法，适合活动或者其他的某些方面的结构。虽然黑格尔认为自由并不需要特定的一种讲道理的实践，但他也不认为这种实践单从个人理性的审查这一方面就能得到描述；这个实践必须要参与到现代社会和政治机制中去。

如果一个人在依照理性去行动的时候将会获得自由，那么这个人必须能够识别这个行动，而这也引发了接下来的问题：当这个人思考行为和目的的时候，他或她拥有的是什么类型的理性；这些理性是否是从确立的社会标准中产生而来的。这个关于一个人为了行动和选择目的所拥有的理性类型的中心点是反思的认同（之前提及的）模式的一个自然发展，另外，反思的认同是涉及各种抽象和决定的想象的活动，也是理性的一部分。我们会觉得某些理由很对，或某些理由很有权威性，黑格尔对此也表达了自己的观点，他强调理性是通过客观的社会结构来表达的。行动需要正当理由，这一思想意味着自我反思认同与正常的广大的社会结构的融合，当然也取决于实现这种融合的决心。对于黑格尔来说，相比主观理性或工具性理性，这种决心是实践理性的较高层次，更为崇高。

在黑格尔的观点中，存在各种类型的合理性与各种类型的自由相互关联，加上之前提到过的三重区别，我们可以增加"主观""客观"和"绝对"合理性。主观合理性是个人理性用来参与行动、选择和目的的范围，这些理性尤其是跟个人狭隘的兴趣、欲望和偏爱密切相关（PR§§ 146—147）。群体、机构和政治主体的合理性都是客观合理性的形式，通过理性得以结构化，而这拥有力量的理性是从管理群体活动的标准中产生的（PR§§ 144—145）。从最低限度来说，客观合理性是合理性的游戏，是人类群体有组织的行为的结构，直观来说，是一个比单个人独自行动这个案例上的更加全面的活动类型。黑格尔对一个人依据理性行动，只有对这个人自己有意义和一个人在游戏的情境中行动这两个做出了区分，而在后者情境中存在许多个体依照拥有力量的理性去行动的多元性。这里的"客观"有两个意思：一个是指"客观"实际上真的存在，这个人所面对的世界对于它有一定的持久性和不确定性；另一个是指"客观"有一种合法性，比仅仅一个个体的主观观点更加宽广。客观合理性是客观的，它所产生的机制比任何的个人意愿都更加重大，而且个体意愿和个体身份随后才在这些机制

第五章 《法哲学原理》：作为自我实现的自由

中出现，但是它们是由主观合理性支持的，因为机制是由个人行动和主观理性生产和重置的（PR§142）。"绝对"合理性需要一种比我们在"客观"合理性中找到反思更加普遍：如果客观合理性是合理性的游戏，是在一个游戏的标准结构中进行的推理，那么"绝对"合理性就是往回走并且反思一个游戏的主要目的，或者为什么有人会一开始就选择玩这个游戏。在音乐家这个例子中，黑格尔会认为这样的人要想真正自由，他或她必须要知道和谐和作曲的结构，得明白在表演中控制表现的标准，如若需要修改的话，还得能影响和调整这个规则体系（PR§225, 315）。在音乐这个领域中，要从"客观"合理性转移到"绝对"合理性中去的话，需要一个人要表明以下观点：这个音乐机制是为了达到什么目的，它们为自己设置了什么标准。这个人还得明白目前这套规则和准则是否能提升前面提及的标准。

依照理性去行动将会需要我们能自己有意识地遵循作为自我表达的准则，并且通过这类行动能变成"我们自己"。这也就是为什么依照我们随意的欲望和奇想去行动不能令人满意，因为我们不能让自己通过实现一种有趣的个性的方法来依照理性去行动；在这样的事例中，我们假装不了这些行动在任何层面上有超越我们自己的意识（PR§§20—21）。这为个人的行动和目的引入了一个正当理由或者资格，将这个人从自我参照的原子论中拉了出来：一定会有这样一个语境，我们能将我们的倾向、欲望和计划都联结起来；如果一个人的引用框架没有超越其自身的意愿，那么就接近不了这个语境。

从黑格尔出发
Starting with Hegel

情况通常是这样的，一个人仅仅只是怀揣某种欲望，但实际上，为了自由和自主，他必须考虑这个欲望的目标到底是什么，这些目标的特点是什么，这些目标是否明确。黑格尔认为"仅仅是自然的"欲望应该要被超越，听起来很熟悉，但虽然它类似于典型的理性主义对身体的排斥，以及同时发生的二元论的推定，但他没有觉得这些欲望在任何情况下都会被排斥；他的意思是，这些欲望往往会排除或者至少是阻止个体接受这类全面的观点。而这类观点却能创造价值、做出承诺和制定连贯的计划，以至于让自我实现发生。没有人能在康德或基督教与一个人的欲望和冲动作斗争的观点中找到如此强烈又直接地拒绝"自然"的欲望；黑格尔认为欲望将会被超越、吸收、提升和净化，而不是断然地被否定。

我们的行动扩展到一张关于社会关系的网中，所以如果想要在那些被社会关系所定义的活动和角色中"自在"的话，我们必须得能够观察到在我们所重视的东西和在社会机制中所接受的价值之间的联系（**PR§153**）。对于黑格尔来说，个体拥有是从所有自我决定与认同中提取的，识别任何特定内容与承诺的能力。最重要的是第三阶段，个体既采用了抽象的不确定性，又采用了认同的确定性，但最终识别了一个内容，将它视为"自己的"，是在真实、客观和具体的社会环境中得到表达的，而且个人也是在这里找到自己的。这里所说的不仅仅是指一定要有一个具体而且个人在里面自由的情景，而是一个人在观察到自己的自由在这个世界上是真实的之后，他或她去反思并将这个

第五章 《法哲学原理》：作为自我实现的自由

社会世界的客观目的恢复到自我中去（PR§§ 8, 9—10）。如果我们的自由真的可以在这个世界上实现，那么我们就得清楚我们的自由是如何扩展到这个世界中去的，然后如何内部化了那个社会结构，使得它成为我们的一部分。在这个程度上我们这么做的时候，外部并不会被视为一个威胁或者限制；在这个外部中我们可以用全面的自我决定的方法来行动（PR§§ 22—24）。一个人必须能够破译自己多种行动、目的和计划之间的关系的程度，大概是因为更多的是这个人而不是他或她一闪而过的奇想或欲望发生了什么，也就是说，一整套的价值、规划、设想、目的和承诺等在一个特定的历史情景中被制定和实行以及实现了，这些历史情景给了这个人的计划和价值内容，提供了各种行动和目的能够联结到彼此的媒介。因为一个人的自我是复杂的，所以意愿随意运用的这种简单性能够自我实现并且成为自由的事例只有很小的机会（PR§ 15）。如果一个人很用心地去理解他或她的行动和目的是如何有可能自我实现，那么为了形成一个连贯的网，这些行动和目的相互联系到达什么程度就将是首要的。

所以根据黑格尔的解释，一个人要想体验全部的自由，他或她的深思熟虑、学问和洞察力要达到什么地步？一个人似乎要接近无所不知的地步才能调查和评估社会中所有不同水平的合理性联系和作用的方法，似乎要能够考虑出我们所有的行动和计划都要适应这个复杂的整体的方法。首先，必须要承认的是，跟其他普遍的自由概念比起来，黑格尔的自由要求更高：一个人必须确定自己在做什么，为什么要这么做，自己是如何适应在做的东西，以及如何表达在自身的自我认同上具有更具精准的理解（PR§ 15）。但是，黑格尔并不认为人们一直能处于反思的状态，这也是他为什么认为习惯是如此重要。跟亚里士多德一样，黑格尔觉得习惯在哲学上很重要，比如说，他认为教育的任务是向人们展示他们该如何内部化道德行为以至于让这些行为变成习惯，但是他将反思支持的习惯和脱离反思的习惯区分开来；如果人们一直习惯性地去行动，但是从不反思，那么他们就患了一种"精神死亡"的病（PR§§ 151A, 268）。黑格尔的自由，具有不同的程度，一个人在这里面如果能反思，那么他或她基本上是自由的；但是这并不是表示这个人应当一直彻底地埋头于知识或者反思中到最大的程度，因为在黑格尔的想法中，我们总是会回到行动、约定和实际参与到这个世界中去。

第四节 教化和公社

如果现代国家展示了"道德生活"，那么必须要确保存在这样的条件，每个人都能在里面参与符合"主观""客观"和"绝对"合理性的活动；必须要提供一个连贯的，关于这些行动领域是如何能够共存于某种实用和持久的和谐中的构图。基本上，国家得是一个个体带

第五章 《法哲学原理》：作为自我实现的自由

着自己的选择、行动和目的感到很"自在"的地方。一个理性的国家还要能确保会提供给人们各种各样的规划来识别，而且这些规划不能反驳集体的那些旨在共同利益的规划（PR§ 281）。国家的一个职责是支持那些合适的文化适应的机制结构，使得国民能明白自己是这个连贯体系的一部分：这个国家必须要支持教化。

《精神现象学》中对于教化的解释是，试图展示如果没有一个确定的公共利益概念和现代国家的法律、经济和政治机制，那么个体可能会采取的认同策略将会没有用处。在《法哲学原理》中，黑格尔认为存在一种可以运用这些策略的机制框架，也就是"道德生活"的框架，包括的范围有家庭、公民社会和国家。就是在公民社会里，个体将会采用跨越狭隘的利己主义和宽广的实践理性主义之间的鸿沟的认同策略，而实践理性主义正是黑格尔所推崇的，并将之视为通过真正理性主义的道路。在公民社会里，个体会用两种方法学着去识别超越自身利益的一些利益：通过自由市场所要求的必要合作，以及通过参与到自发的联系中去，黑格尔把这种联系叫作"公社"（Korporationen）。

黑格尔认为在公民社会中个人教育这一部分就算没有任何特殊意识或者有意识地考虑也能发生［数十年以后卡尔·马克思在《资本论》中也提及这些］：即使是最自私自利的人都会意识到他或她的行动会跟其他人的行动纠缠在一起，所以他或她将会开始理解，如果对自己的狭隘的目的特别入神的话反而会适得其反（PR§§ 182—

183，186—187）。正如黑格尔所观察到的一样，所有人类的需求，在现代国家这个情境中出现并且得到满足，都是通过社会机制来调解的。这些需求肯定有一些自然的起源，但随着它们在市场上通过自发的联系或者公共的意见得到明确的表达，这些单纯的自然起源就会被抛到脑后。这种需求中任何单纯的利己主义的表象也会被抛弃，因为各种关于需求的形成和满意的调解在一个相对宽广的范围内都需要其他人的活动（PR§§ 196—198）。这个尤其会通过工作出现：为了满足我们的需求，我们必须要加工自然资源，所以工作影响了我们的理论和实践教育，而实践教育需要我们限制和控制我们的活动以使这些活动是恰当的（PR§§ 196—198）。

  这些自我实现的背景就是自由市场，黑格尔认为当它在最好的状态起作用的时候，有一个特定的吸引人的合理性：每一个个体都在多变地购买和出售劳动力与商品的情境中谋求自己的利益，而且越多的个体依据自身的利益行动，他们服务整体的利益就越多（PR§ 199）。市场机制（理想状态下）理性地分配物品以至于活跃的特殊利益的聚集能被满足到一定的程度，也就是在市场机制的操作中满足每一个特殊利益。追求的利益之间复杂的交流也很可能会提供一个充足又多变的情境，并且个体能在里面追逐各种各样的规划。在这些特殊利益被追逐的同时，黑格尔指出它们也被带入与彼此的联系中了：当个体在市场上的活动，生产或者购买商品，服务其他人利益的时候，这就是一种普遍性（PR§§ 181）。那些拥有适度反思意愿的个体不得不去

第五章 《法哲学原理》：作为自我实现的自由

思考他们的利益与其他利益相联系的方法，以及利益的聚合体作为整体如何在市场中起作用的；这个实现对于那些想要运用黑格尔实践的理性主义的个体来说并不足够，但它是一个必要的先驱。

公民社会中的第二种教育，是一种更强大的形式，是在公社中的个人活动，这里得用德语词汇而不是它典型的英文翻译——corporation，因为德文词汇更加有效。因为这里不把它与狭义的意思——商业公司搞混是十分重要的；在德语中，一个以营利为目的的有限责任公司是 Koerperschaft，而不是 Korporationen。在黑格尔的观点里，一个 Korporationen 是指一个自发的组织，起到"第二家庭"的作用，因为在面对市场偶然性的时候是它在照看里面成员的财富。所以这是道德方面在公民社会的回归，而一开始在公民社会的活动中道德是丢失了的（PR§ 249, 252, 255）。公社有义务去招募和训练自己的成员，还得构建一些程序去证明这些成员是声誉良好的。同时公社也是主要的情境，可以用来教育个体从自己利益的特殊性转换到他们组织里更宽广的利益上去（PR§ 187）。因为，如果一个人是以自己的公社为自豪的话，那么这个公社就代表了这个人所做交易的利益或者共享的根本规划的利益，而且以一个贫穷或富裕的倾向掉入"暴民心态"的趋势很大程度上也会被减弱（PR§ 253）。比如说，如果一个人是音乐家，并且加入了音乐家的公社，他或她不仅仅会把自己看作市场上一个简单的工人在协商合同和薪水，还会把自己当成一个做交易的人，是处在做同样交易的这么多人之间的人，工作是为了生活，是商业社会中一个有价值的部分。

当一个个体在公社里通过成员资格得到教育,他或她将逐渐地将狭隘的个人利益同公社里更加普遍的利益综合在一起。也就是说,虽然一个人想要加入公社并且通过它工作,只是因为他或她看到了相互依赖和集体强项中的个人特长,因为这个组织也是以更广阔利益为导向的,因此综合这么多宽广的利益到这个组织自己的工作中去,个体开始意识到他或她那狭隘的利益与集体的利益深深地联结在一起。在"组织"中通过参与可以获得如此成熟的关于社会自我同一性的概念大概会激励人们对于消费、生产和分配做出不同决定。

但是要注意这一现象是否符合《精神现象学》的"自我异化精神"中所描述的自我牺牲模式。在那个解释中,最初的原子意识被否定了,同样的事情也一定会发生在公民社会。但一个人首次进入公民社会,他或她只会对自己的个人财富感兴趣。但参与到公社中会显示出这个个体的私人利益是荒谬的;必须牺牲掉依附于如此狭隘利益的自我。这大概会发生在当公社的成员开始遵循这个群体在某些方面用来调解他们行为的标准和纪律的时候,而这些标准和纪律似乎并不存在于他们那些狭隘又即时的利益中。或者举个戏剧性的例子,公社中的工人成员为了团体冒着丢掉自己当前的个人工作的风险去罢工。跟《精神现象学》中的解释一样,这种牺牲是有双重效应的:公社成员牺牲自己私人利益的时候,集体的权利就变得更加现实和真实。

个人也会察觉到公社中的活动是如何表达纯粹认识的。回想起

第五章 《法哲学原理》：作为自我实现的自由

《精神现象学》中对于纯粹认识的解释，有三个阶段：个人在识别其他人为一样的人的时候失去了自身的原子性、个人在征求他人确认的时候试图自我修复、最后参与双方都通过相互认识恢复了自我认识。在黑格尔的公社中，这三个阶段都会通过参与公社得以出现。成员不再把自己看成一个只会在市场中抓取权力和财富的自定的单元体，他们反而会识别出公社中的其他所有成员都是跟自己一样的个体。但是，并非所有的成员都是一样的，因为这个群体中很可能存在一些异质性和结构上的区别。最重要的是，成员之间互相分享团结和从彼此中得到的确认，这也使得群体的利益能在危机或者逆境中得以保持。

公民社会中公社是作为意愿教育中一个很重要的中间体，是教化中首要的机制调解。要成为一个有教养的人，个体不需要直接从利己主义转到有一个更彻底、普遍以及符合这个国家的想法。这也是《精神现象学》中一个没有成功的策略。在黑格尔的道德生活中，公民社会和国家之间的区别使得这个逐渐的教育过程能够发生。教育过程起作用的方法也显示了为什么这个国家会采用真正普遍的观点：倘若公民社会教育公民去接受一个近乎普遍性的看法，那么一个国家就有必要去完成这个进程。

最后，在黑格尔的想法中，正确经历教化过程的人并没有获得永远、无中介和完全普遍的观点；任何类似于"没有来源的观点"在政治上都值得怀疑，很可能都是自欺欺人的。个体最终获得观点都是有历史和文化条件的，都是在参与公社中逐渐成型的：个体都是在组织中朝着一个共同的目的前进的（PR§264）。向逐渐增长的普遍观点的移动体现在公民社会和国家的结构上："道德生活"的结构表明了结构的合理性。这里"全体的"观点就是概括性的观点，需要教化在社会实践和机制的情境中的所有正确性（LNP§91）。在这点上，黑格尔的解释就回到了原点：但个体能识别自身的行动和目的的时候他或她是自由的，而这些行动和目的在确定的社会、政治和历史情境中都被认为概念上与其他的个体是联系在一起的；个体也是通过这些行动和目的开始理解和接受这些调解它们的更为宽广的结构情境。

历史哲学：理性统治世界

第六章

从黑格尔出发
Starting with Hegel

> 哲学唯一所携带的思想就是简单的理性思想——理性统治着世界,因此世界历史是一个理性的进程。(PH 9)

快速调查一下世界上的人口和国家,就会发现财富和权力的分配是如此惊人地不公平,而且绝大部分关于健康、长寿、教育、平等与自由等诸如此类的指标都跟这个分配有关。一些国家拥有先进的医学技术和压倒性的军事力量,并且在世界大事面前拥有强有力的话语权,但与此同时其他国家却完全没有这些,甚至连获得这些的机会都几乎没有。比如新几内亚这个例子,澳大利亚北部一个很大的岛;从最后一个冰川世纪(大约14 000年前)一直到19世纪末期,新几内亚人几乎没有经历什么文化和技术上的发展。在欧洲殖民化之前,新几内亚人几乎都是狩猎和采集者,使用弓、箭、陶器和石器。农业一般出现在新几内亚高原上,但种植的一般都不是富含高蛋白的作物。他们的政治结构就是部落,且基于这些小村庄上。另外,他们都是文盲。在19世纪末期,大多数的欧洲人和美国人都觉得新几内亚很"落后"或者

第六章 历史哲学:理性统治世界

很"原始"。

在过去几个世纪中,出现了好多关于这种不公平的财富和权力分配的解释,而且大部分的解释都暗中或者明确地认为在新几内亚这样的地方人们一定缺乏某些先进文明所要求的技术、天赋或者性格特征。今天,我们认为这些解释都是基于一些关于生物学区分、天生能力、智力和人种的且不负责任的主张;我们也知道这样的解释只是被帝国主义和殖民主义用来当作正当理由,很显然只是有助于那些自我得意的关于欧洲中心论的说法而已。但一直到最近,我们对于这些殖民主义说法的谴责主要都是基于关于种族和压迫的问题;再加上这个合理的道德愤怒,我们并没有用科学的解释方法去发展一个快捷又可用的对立叙述。最近,在人类基因和分子生物学上的发展使得历史学家、人类学家和考古学家能够发现这个主要的偶然因素,他们可以用来解释为何一些国家会变得富有和强大、而其他国家却不能的因素,就是地理环境。

在这个新的研究浪潮中,其中一本很有影响力的书是贾雷德·戴蒙德(Jared Diamond)的《枪炮、病菌与钢铁:人类社会的各种命运》(*Guns, Germs, and Steel: the Fates of Human Societies*),它详细地分析了新几内亚。研究的结果是一些地理上决定的环境因素限制了这个岛发展的可能。比如说,新几内亚的环境无法种植具有丰富营养的谷物,也饲养不了本可以当成高蛋白食物和作为一种生产力用于农业和其他方面的大型家畜。由于这个岛的地形特征,基于小型村庄的群体跟其他群体是相互隔离的,因此总的可持续发展的人口也是有限的。把新几内亚的环境跟近东的"新月沃地"或者"欧亚"中部地区的环境进行比较,可以很明显地看出一些地形有优势的地区的确具有所有必要的资源,可以支持文明的快速发展,但其他地区就不行。再去研究世界上其他地区的事例,基本的地形假说就这样被反复验证了。

黑格尔的历史哲学通常被拿来代表欧洲中心说叙述最终的自大,不知怎的老是被用来当作19世纪和20世纪帝国主义和殖民主义的正当理由。实际上,很多人都觉得黑格尔的假设,"历史终点"就等于思想上的自我得意,他并没有考虑非欧洲国家是很强烈的种族主义者。但用黑格尔实际上说的东西来调和这些太过常见的批评是很困难的,而且最近的研究又调查了地形对于世界各地人们命运的影响,对这个误解增加了少许的反语。

在黑格尔《历史哲学演讲集》的介绍中,读者可以找到一个很长的部分,标题为"历史的地理基础",在这里黑格尔提出了一系列的观点,恰好可以很完美地符合戴蒙德的《枪炮、病菌与钢铁》中的内容。黑格尔并不知道任何关于人类基因和分子生物学的研究,但在这么多地理和环境因素中,他认为起到控制世界历史的重要因素是火药、铁和钢,他也考虑到了驯化大型动物的环境前提(LPH 114; PH 82)。当黑格尔思考环境因素和文明发展之间的关系的时候,他观察到"在严寒和酷热的地区找不到推动本地和世界历史发展的人类"

第六章　历史哲学：理性统治世界

（PH 80）。黑格尔对此的解释是对于生存的生理需求，以及特殊环境使得满足这些需求变得更加困难；在他的看法里，这些塑造世界历史的基本观点里没有一个跟人种或者人类区别有关系。不幸的是黑格尔的哲学被错误地跟那些不可信的种族主义和殖民主义者口中的历史扯上了关系，但令人惊讶的是，积极的人可以意识到他实际上提出的观点使得今天十分重要的反种族歧视者和反殖民主义者的解释更具活力，而且这些解释还得到了科学的支持。

如果一个人去读黑格尔的文章，这些误解当然是可以避免的，而且是很容易避免的，因为黑格尔的《历史哲学》比起他其他的作品更加容易理解。这是因为在19世纪20年代，黑格尔想要通过他反复的关于历史哲学的公开演讲（从1822年到1831年，每两年在柏林演讲一回）获得更多的听众；这些演讲很快就巩固了他的地位——德国最杰出的哲学家，当然他为这些演讲也花费了不少的心血。虽然我们还要思考他在《法哲学原理》中对历史做出的评论，但正如黑格尔给他学生的建议一样，《历史哲学》几乎可以作为总结他课程的一本教科书（PH 1/LPH 11）。在这一章中，我要讲的是：（1）"理性统治世界"这一思想，它是依赖于历史中必然性与偶然性之间的区别；（2）关于自由的全面道路；（3）进步论和"历史终点"；（4）现代国家的黄昏。

第一节 历史中的必然性和偶然性

在《历史哲学》的介绍中,黑格尔的主张是"理性统治着世界",历史是一个"理性的进程"(LPH 27/PH 9),这跟他其他的主张是连贯的,比如他认为在从自然到意识的其他领域中某种必然性在起作用。这可能听起来就像是一个十分具有争议的主张,但当黑格尔增加引用到"理性的诡诈"(PH 33)中的时候,似乎理性就是某种有自己目标和倾向的"事物"和"代理",他的观点似乎也从具有争议变成了基本上不可信。而且黑格尔也主张历史的目标是"自由的意识"(LPH 53—54),历史理性的进程的目的就是产生个体的集合,那些个体对于他们自身基本的原则——自由要有全部的意识和理解。所以,依据黑格尔对于自由和理性之间深层次且相互联系的理解,理性能获取历史的本质和它的目标。

但黑格尔并不是第一个用这个方法去思考人类历史的哲学家。康德在他的《普遍历史观》(*Idea for a Universal History*,1784)中认为人类历史将会产出一个全面的道路和目的:在个体的实际意图的后面,在所有人类的愚蠢行为和混乱下面,可能会发现自然隐藏的计划,可以引起我们最高层次的理性能力。但讽刺的是,康德认为是因为我们的"非社会的社交能力",我们十分需要生活在社会中,因此迫使

第六章 历史哲学：理性统治世界

我们的欲望和利益跟别人的发生冲突，因此，我们可以开发我们在组织、妥协、法律和理解公平正义的能力（KS 418）。康德认为自由的最高表现只有在充满关于自身准确自然性的争论和纠纷的社会中被迫用法律去设定自身意义的时候才会出现。他还补充道，我们必须接受的是朝这个重点去的进程将会历经磨难、战争、革命、荆棘和枯竭（KS 420）。康德认为虽然自然中这个隐藏计划很难发现，但它对于哲学家来说是一个很合适的研究对象。倘若哲学家能成功表明自然的计划，那么他们甚至还能加速人性找到自身目标的步伐。

但是康德认为找不到完美或者全面的适合人性的解决方法，因为我们不完美的本性最终阻止了它："如此弯曲的木材造就了人，就不可能建造出任何笔直的东西来"（KS 419）。自然的计划并不是我们能真正了解的东西，它也不是一个理性的发现或者其他事物的证据。虽然康德催促我们必须假设自然计划的真相是一种理性且合理的信任（正如我们在他的想法中做的那么多假设一样），因为它是我们能够调和自己与这个世界的一个条件。

康德的历史哲学所框定的问题很明显就是黑格尔（18世纪末的其他哲学家也一样）开始思考历史哲学的问题。康德把所有强调历史偶然性的必要结构都叫作"自然的隐秘计划"；黑格尔也采用了这个观点，称它为"理性的诡诈"。这两位哲学家都认为在所有这些看起来是随机、偶然或者混乱的历史事件背后，在人类利益和热情中无法预测的竞争下面，有些东西——一个更深层次且具有不同解释的叙述正在发生。康德和黑格尔都对值得注意的事件、影响和起因（历史事件）的历史和哲学上的历史做出了区分，这个进程回顾性地说明了我们在集体上是如何变成我们自己的（历史叙述）。这两种历史类型可能都捕获了不同类型的必然性，分别是"外在的"和"内在的"。外在的必然性讲的是约束哲学世界的随意必然性，而内在的必然性讲的是哲学叙述是受自身概念结构发展的约束。但是黑格尔提出了一个比假设更具说服力的主张，修改了康德的目的论，他认为历史的必要结构是世界基本结构的一部分，而这个结构实际上是我们可以理解的东西。

在1822年版和1828年版的介绍中，黑格尔区分了"原始""反思"和"哲学"历史（PH 1—8/LPH 11—24）。对于这个分类，"原始"历史的实践需要历史学家和研究的物体共享一套文化、语言和政治影响；但这并不是说一个原始历史的历史学家不能是批判或者富有诗意的，而是说任何展现在这类历史中的批判或者富有诗意的因素都要处于事件本身所展示的情境中。"反思"历史需要一些历史学家的情境性和不相容历史的情境性之间的差异，要么是因为这个研究想要穿过多样的历史时期，试图将前面一些时期转换到现在这个时期里；要么是因为这个研究是站在外面并在审查一个已经确定的、关于一个历史时期的自我理解。根据黑格尔的解释，"哲学"（推测）历史是说明被当作一个整体的人类历史的基本组织原则的实体，展示了对于发生了什么其实是存在理性或者结构，并将所有东西联系在了一起，还

第六章　历史哲学：理性统治世界

解释了目前我们找到的现实是什么。康德和黑格尔都在实践中使用了这种历史方法，该方法要求一个人清理出历史上哪些著名或者值得注意的事件是强调哲学叙述的一部分，哪些可以直接被随意搁置。必须要记住的是康德和黑格尔都没有期待能在历史中找到一个能完全意识到这种哲学叙述的人（PH 25）。

必然性和偶然性之间的区别是十分复杂的，尤其是在形式逻辑这个情境中；但是黑格尔并没有去思考形式逻辑中这个区别是什么，他往往会完美地运用普通且出于直觉的方法来利用这个区别。他在《哲学科学百科全书》中说道，当我们在仔细思考这个世界的时候，我们已经私下里对世界的特征做出了选择：有些特征是不重要的，跟其他一样也无妨；而有些特征似乎更加必要或更重要（ENCI § 6）。总之，如果某事是视情况而定的，那么它要么会发生，要么不会；但是它的发生或者不发生必然会决定其他事件。比如说，我是否对蜜蜂的叮咬过敏是一个随机事件，同时蜜蜂是否会咬我也是一个随机事件；但如果证明我对蜜蜂叮咬是过敏的，那么当蜜蜂咬了我，我的过敏反应也必然会随之而来。所以在像这样的情况下，偶然性决定了必然性，但这样的事例对于黑格尔的真正的意图来说有点过于狭窄了，因为这类必然性其实是随意必然性，而且黑格尔通常认为这类随意偶然性是一种"外在的"偶然性，因为它并没有捕获他在先前的历史哲学叙述的发展中观察到的"内在的"必然性。

更好解释黑格尔所说的必然性和偶然性之间的区分的例子是历

史中普通人物和杰出人物的命运,以及所有民族和国家的运气。黑格尔认为普通人的运气可以作为例证偶然性的事例:任何人都有可能患上致命的疾病,遭受到随机的暴力威胁,遇到一个改变万物的人以及赢得彩票大奖。这些所有的事情发生或者不发生都有可能。但当黑格尔考虑到热情在历史中的角色或者"世界历史性个体的影响"时,他认为杰出人物也是一样的。当他提出"如果没有个体的热情的话,所有伟大的事情都不会发生",他恰好指出了当现实中的人参与到历史事件中去的时候,他们实质上是受到自身狭隘的利益和热情的驱使;但这里的必要性是指某些人或者其他人有足够的动力去行动,而不是有特定的人受到热情的驱动(PH 23—24)。同样地,黑格尔对于"世界历史性个体"的评价也是如此,在每个事件中,这些历史上的人物似乎让伟大的事情得以发生,但就算不是那些人创造了历史,也还是会有其他人出现,做出同样的壮举(PH 29—31)。根据黑格尔的解释,历史上发展的全部阶段都有一个必要的结构和顺序,但这些事件中具体的扮演者都是随机的。在一个更普遍的水平上,横贯整个社会历史的事件都有可能会因为一个或者另一个偶然性被抹去,从传染病和自然灾害到敌对的入侵者,都能抹去这些事件;黑格尔认为经验主义的历史似乎像屠宰者的长椅,而人民群众的快乐、国家的智慧以及个人的美德都在这上面被迫害了(PH 21)。

但是黑格尔在意愿之后所构建的这种历史的哲学叙述必须避免准确地从历史中看出一个人想要找的东西,同时也得避免强制推行从

第六章 历史哲学：理性统治世界

事实推断结果的计划。倘若一个人深受这种责任的迫害，那么这个人可能会忽略任何不适合这个故事的事实，而充分利用那些确认这个故事的那些事实。这也是为什么黑格尔尽力坚持（以一种似乎是悖论的方式）一个哲学的历史必须要以一个严格又有经验的方式进行，而不是一种轻率的经验主义，拒绝对历史上什么是重要的和什么是不重要的之间做出区分，以及拒绝不真诚地主张不管根据什么样的历史数据，都不会带来任何理论上的建设（这基本是不可能的），但经验主义是专心于所有的事实，以及也对它所采用的从事实推断结果的原则负责。

黑格尔的历史哲学叙述的前提是至少我们可以知晓它的结构是自然历史的结构。在自然历史中，即使大多数人观察到一个复杂并且没有立即可以识别的秩序或者结构的自然物体，他们也都愿意接受存在一种"理性""结构"或者正在进行的必然性。任何人看到这样一个池塘生态系统，都会被是否可以具体列举有哪些组织原则这样的问题难倒，但是他们会猜测一个生态学家如果来到池塘边，他会发现池塘里发生的事情都是"受理性支配"。生态学家还能解释这些发生的事情是如何符合各种化学、生物和机械体系的，以及如何体现自然选择；一个有哲学头脑的生态学家甚至还会使用方法去理解这些复杂的有机整体随着时间的推移会改变、会发展。但对于很多人来说，当我们从自然进入自然历史中的时候，很多事情都改变了；一旦卷入了人类个体，他们说，就不存在支配会发生什么的理性、结构或者法则了，

从黑格尔出发

因为人类基本上来说是非自然的,拥有自由的意志,不去遵守任何必然性。所以反对会继续,任何主张能在人类历史后面起作用的从事实推断结果的计划都是只为个人打算的计划。

黑格尔认为当"精神"从自然中产生的时候,它代表了一种定性的突破,但并没有在历史中排除了理性。黑格尔并不认为在形而上学上人类独立于自然,他也反对我们的思想和自由遵循的那套法则跟统治自然的不一样。当人类开始反思自身的欲望和利益的时候,"精神"就从自然中产生了,就等于一个自我疏离的过程,试图将自己引导成为复杂、规矩支配和语言运用的人类群体。如果经验主义的历史的偶然特征考虑到它,这些人类群体将会形成关于自身的反身的意识,形成一些关于共享利益和价值观的理解。这个反身的意识使得人类群体开始自我组织,为自己立法,但这并不代表人类脱离了自然结构。黑格尔认为我们能识别思想和意识的结构,而且这些结构的一些特征就是我们在自然中所发现的概括版本,"精神"意外地从自然中产生,然后逐渐地形成自己的叙述历史,这个历史就是逐渐认识自己,不断斗争,让自我理解足够明白自身所必要的本质故事(**PH 18,72**)。

第六章 历史哲学：理性统治世界

第二节 自由的道路

当黑格尔研究世界历史的时候，基本故事是从"个人自由"的社会转移到"部分人自由"的社会，最后进入"全体自由"的社会（PH 19, 54—79）；或者别人也可以说这个进程是从独裁转移到寡头政治，再进入民主的进程。黑格尔认为这些阶段的代表有"东方国家"、希腊和欧洲各民族（包括北欧、斯堪的纳维亚和英国），而现代国家就是最后一个阶段，充分表达了"主观""客观"和"绝对"自由。根据推测解释学，黑格尔认为历史的目标——自由的完全实现是起源于人类历史本身，是起源于人类不同时期各种不同的斗争。他的这一点与其基本的哲学方法结构是相互联系的，他拒绝"已知事物"，不管这些是不是这个世界形而上学特征的引用、直觉或者超越自然的神的意愿，他都拒绝（PHG§ 76）。只是因为我们拒绝所有这些传统的"已知事物"，因为我们并不会试图发明或者想要发现那些被应用于历史的基本原则，我们想要历史成为最终的吸引力，成为"判断的最后一个审判庭"（PR§§ 341—345；LHP 1 1—7, 50—55）。

黑格尔认为，自由在古希腊社会具有一个特定的形状，跟在罗马社会的形状是不同的。比如说，罗马社会的自由内化了一个更强的基于财产的个人权利，黑格尔认为在这些术语上罗马人对于自由的理解程度比较高。并不是这个永恒的自由观点包括了个人主义的特征，只

从黑格尔出发
Starting with Hegel

是罗马人能够理解它们；而且历史条件对罗马人发展一个自由的概念，帮助他们解决一些存在于希腊社会的个人与国家之间的矛盾是有益的（PHG§§ 464—483）。然而对于古代解释自由和罗马社会代替希腊社会的首要问题是财产权利，同时从古代世界发展到现代世界的显著特点是依据基督教的崛起和法国大革命对这些个人权利的重新解释（PR§ 124）。在所有的情境中，自由就是只能从一个特定的历史时期和文化入手才能说清楚，还要把它设想为发展进程中的一部分。不管我们今天如何思考自由，其实都是利用了这个历史的发展，然后通过我们特殊的文化进行调和。因为我们站在之前社会的肩膀上，努力想要实现自己对于自由的想象，所以目前我们对自由才有自己的理解，而不是因为我们有特殊的渠道可以获取到真理。

即使我们接受了自由这个想法的起源是历史的，它也的确塑造了现代社会中那些有指导性的抱负，但是在黑格尔的哲学中个体仍旧可能会反对自由是作为一个基础，作为阿基米德发展自己理论的点在起作用；但是个体很可能会说这就是黑格尔一直在避免的"已知事物"。而且这个反对很可能会继续，因为其他的观点也已经在历史中出现或者发展中，比如美德、权力或者公正，并且不存在一个严谨的方法可以说明这些价值中的一个比其他的都还要重要。为了应对此，黑格尔认为在考虑到现代性的其他特征的时候，历史实际上是证明了它赞成自由是基本的价值：考虑到现代时期的典型特点就是"上帝的死亡"，留给我们的是一种无根的状态，我们可以选择虚无主义或者搞清楚怎

第六章 历史哲学：理性统治世界

样才能自立基础和真正的自由的规划（LPH 47—49）。所以并不是自由天生有趣，也不是最强的论点都在支持自由，而是恰好是历史证明了它在所有问题上赞成自由这个问题。

《法哲学原理》似乎一开始的时候将自由这个想法作为一个基本的原则，是从现代国家的整个结构中导出的一个"已知事物"。但是实际上即使在那本书里，论点的开端也是一种解释，特别是对自由的一种解释，黑格尔认为，这种解释捕获了我们现代特殊的思考方式。他的确认为现代国家比历史上任何一个国家都更好地实现了自由，但是他并没有用这个历史论点开始他的《法哲学原理》：现代国家并没有解决那些让早期国家头痛不已的矛盾和紧张关系，它只是存在；并且黑格尔试图勾勒出现代国家里哪些东西是理性的，哪些特征是最合乎情理的，哪些是它的系统优势以及为了满足我们现代对于自由的理解，它的能力（处于最好状态的时候）究竟是什么（PR 21）。

虽然黑格尔是在政治哲学这个情境中得出自由这个概念的，但这个概念也是非常重要的：自由依靠国家的存在，而且历史上各种自由的概念都跟特定的国家相互关联。这个关联的哲学原因是人们要想在最大程度上变得自由，必须在支持"道德生活"中所有必要方面的国家情境中，这样的国家有自己的法律和宪法，将客观性借给我们的自由概念，并且支持艺术、宗教、哲学和"绝对精神"的各种形式（PH 38—39, 43—45, 49—50）。国家试图满足那些为自己设定的标准，同时有机体的语言以及自然影响了黑格尔的解释：国家是有机体，经历了各种特定的阶段,包括成长、竞争、满意、衰退和死亡(LPH 58—60)。这种联系的其他原因也是非常实际的,跟如同稳定和保障"道德生活"的结构这样的国家功能也有关系。比如说,在古代文明中,政治团体需要保存记录,因此需要书写的语言、记录的历史和对共同的自我反思长久的解释。国家也需要确保历史记录不会丢失,确保从"个人自由"到"全体自由"的叙述中不会有倒退(PH 54—79;PR§356)。黑格尔坚持认为不管什么样的偶然性在起作用,在历史上国家都是最好的防御工具,可以有效地防止代替收益的丢失。

考虑到国家和人民都是历史上自由发展的主要工具,值得指出的是黑格尔并不认为这些"精神"的载体与任何民族、人种或者宗教群体所主张的"被上帝选择出来"能一起共同扩展(PH 58—59)。他也不认为"精神"需要一个国家或者人民在民族上是同类或在表面意义上是"纯粹的";实际上,他倾向于将道德上的异质性作为成功的标志,因为它显示了一个社会不再沉浸于自然条件中。黑格尔甚至认为这可以算是外来者的影响,这种异质性使得古希腊成为一个如此耀眼、如此充满活力和创造力的地方(PH 225—227)。对于一个国家什么最重要,黑格尔认为是这个国家关于自由的概念以及这个概念是如何在政治中得到表达的,如何法律化,如何机制结构化和如何在艺术、宗教和哲学中反思的。

新几内亚这个例子是很有趣的,因为它展示我们对于黑格尔的主张是如此的不熟悉,为了避免从中得出错误的结论,我们必须要十分

第六章　历史哲学：理性统治世界

小心。黑格尔认为历史上自由的道路从亚洲转移过来，在欧洲稳定下来，但却不能在世界其他的地区扎根。但他关于道路的论点所基于的原则跟种族主义、欧洲中心论或者帝国主义没有任何联系。实际上，就是在这个情境中，黑格尔主张未来自由将会离开欧洲去美洲扎根，主要是因为它那独特的地理特征：因为广大的地域和丰富的资源，北美洲将能避免出现在老化又拥挤的欧洲国家中的很多不满与矛盾。黑格尔甚至曾经在一个评论中与欧洲中心论格格不入，他认为"美洲就是未来的世界，时代就躺在我们前面，世界历史的负担将会自己显现出来"（PH 86）。

第三节　进化论和"历史终点"

黑格尔的历史哲学主要是致力于推动一种进化论，但是只涉及哲学上从事实推动结果的历史叙述，并没有涵盖经验主义的历史。在哲学叙述中，并没有暗示说所有的历史改变都是进步的，同样地也没有表明任何要求现状的呼吁都可以单独作为论点；如果个体想要庆祝现状的某些特征，他或她必须给出一个论点来显示这个特征最好地展示了思考这个事件的方法，解决了其他观点的矛盾和困难，或者证明了这个论点比其他的解释更令人满意（LPH 1 49—100）。黑格尔允许经验主义的历史能在某个阶段推动什么对于哲学的历史是有可能的包裹，但是随后就暂停、停滞甚至退化了（PHG§§ 582—598; LPH1 3）。今天人们信任一些特定的东西，但是"这里完成事情的方法"使得所有有趣和困难的工作都没完成。黑格尔认为鉴于经验主义的历史通常都会退回一步，从一开始就去阻止是值得的，去斗争和牺牲也都是值得的。阻止倒退需要拒绝简单的进化论，因为它使得哲学的历史和经验主义的历史之间的区别消失了。

黑格尔对于哲学的进化论和"经验主义的现实"结合产生了关于替代的论点——与此同时，替代特别注意已有的事实情况。比如说，黑格尔认为一旦个人财产权利这个强有力的观点在罗马社会出现，就不会有人想回到希腊那种天真的和谐中去了：这些代表希腊社会中矛盾的悲剧在罗马社会得到了解决（PHG§§ 477—483; 464—476）。黑格尔特别关心法国大革命之后的惊恐状态，这是革命后期倒退的一个案例。我们可以用一个更普遍的方法去思考黑格尔体系中的主张，哲学是宗教的一种代替，因为一旦我们察觉到哲学表明了宗教所说的世界所有特征，但并没有采用宗教惯用的神秘主义，也没有引用超自然的任意权威，我们就不会再相信宗教是一个完全令人满意的思想模式（PHG§§ 207—230; §§ 672—787）。

这些叙述的关键点是，倒退是好笑的：哲学的进步是反对令人困惑和不合理的倒退。比如说，黑格尔的观点都是反对继续奴役人的做法，但并不是引用非历史或者超自然的人类权利，而是引用一个历史

第六章 历史哲学：理性统治世界

故事来论述：以前人们可能没有一个成熟的概念来谴责奴隶制，但最终关于所有人都应该被公平对待、受到尊重以及拥有权利的想法出现了（也许是基督教中"灵魂假说"的到来），因此用这些理由去谴责奴隶制就变得通俗易懂了，使得什么是人有了一个比以前更丰富、更令人满意的解释；这也使得我们再也回不到以前的状态，就是前面所说的我们反对倒退。这类的论点可能是关于普选权和公民权利的，甚至是关于当代在思考环保主义和生态持续性上的一些转变的；但是，在任何案例中，都要有论点可以显示存在真正的替代，而且该论点需要通过哲学的历史和经验主义的历史之间的区别来表达。不管我们什么时候识别了一个真正替代，我们都是把它当作一个我们不能倒退的东西，黑格尔认为这表示这些获得都是"绝对的"，它们都"走出了历史"。

如果黑格尔的观点是经验主义的历史并不是自动前进的，当哲学的历史叙述前进一步，倒退在现实中也有可能是真的，那我们该如何理解黑格尔在《历史哲学演讲集》中的观点？这些观点似乎在表示我们已经到达"历史终点"。首先，关于进化论的观点也可以应用于这里：对于历史的"终点"，不管黑格尔想表达什么，它都应该只被应用于哲学的历史，而不是经验主义的历史。很明显，经验主义的历史并没有结束，而且黑格尔也不需要去否定这个。但他的确提及"我们的时代"是"历史的最后阶段"，这个主张有一个明确且直观的意思：在自由从"个人自由"到"一些人自由"再到"全体自由"的道路上，如若我们都正确地让自己和这个世界获取到"全体自由"这个哲学认识的话,对于我们还能去哪里就会不明确了。全面实现"全体自由"这个想法当然需要很多的努力,包括公共政策和法律的改革,但"全体自由"这个基本的概念似乎很难再有提升。

但是要指出的是,我们目前对于自由的理解似乎很难再有提升并不是指这样的提升是不可能的。当我们说哲学历史已经到了尽头,我们的意思一定是指我们以某种方式知道了后面不再存在更好的替代,提升是不可能的。将"历史终点"当成关于将来的主张,黑格尔自己也不会支持它。可以回想一下,黑格尔的推测解释学是限定在回顾的解释中的:在《法哲学原理》的序言中,黑格尔认为每个人都是"他那个时代中的孩子",而哲学是"通过思考已经理解的时代"(PR 22)。黑格尔一向拒绝乌托邦的批判,因为这些批判是源于那些未来可能发生事态的主张,他认为哲学的工作并不是"公布指令"说这个世界将来应当会怎么样(PR 22—23)。因为哲学必然是往回看的,肯定目前合理性的,所以黑格尔认为对于未来哲学没有什么可以说;但对于目前哲学似乎有一大堆可以说,我可以推断出目前事态已经在下降。黑格尔说:"当哲学用灰色去描述它的灰色的时候,生命的形式就已经变老了,而且还不能恢复年轻,在哲学的灰色中只能通过灰色来识别;米诺瓦的猫头鹰也只有在夜幕落下之后才会起飞。"(PR 23)哲学能在回顾中识别出我们现在的状态在历史上是否成熟,但在这样的案例中,它说不出在地平线上发生了什么;主张我们已经到达哲学的历史终点也是主张一些未来的事情,将包括哲学叙述中不存在进一

第六章 历史哲学:理性统治世界

步的阶段。

除非我们这样假设,当黑格尔在写历史哲学的时候,他抛弃对于哲学本质最深沉的信念,我们必须要知道"历史终点"真的是历史的"完成"。如果我们把这个理解放进黑格尔的意思中,那么"历史终点"这个想法似乎就突然跟他整体的思想全部一致了:哲学往回看,重构自由的发展到现在这个状态,然后将会出现整个过程的终结。这个可能就是现今的一个永久特征,对我们来说似乎就是过去发展的完结。当过去结束,体验现在虽然会对我们目前的发展阶段将不会被替代产生不自信,因为可能会出现新的且不能解决的矛盾。或者之后我们会发现对前面阶段的代替是基于一个错误的理解,或者满足的标准是误解的,等等。一定会有临时性和易错性跟随着我们目前所拥有的自我理解;实际上,黑格尔认为我们怀疑目前自我理解的能力是启蒙运动的历史成就(**PHG§ 19;PH 55**)。自我怀疑和自我批判的实践就是现代生活的一个特征,可以当作对前现代教条主义的一种代替。

带着这些点,我们应该提防历史中任何可以让我们对目前状态自鸣得意的诱惑。可以把这个终点看成自由道路的完成,我们可能也不知道接下来会发生什么,但只要在实践黑格尔的哲学思想,我们一定会采用关于自己以及对于目前事态评估的一些谦逊。我们不用担心,黑格尔主义中的国家会产生尼采口中的"末人(最后一个人)",他或她对这个世界很满意,并且自鸣得意,现存的任何理想都不能唤起这个人的激情。我们不应该认为在现代国家里没有什么可以做,我们要知道的是"历史终点"之后不会发生什么激进的事情，但我们要做的是朝着零散的改革去努力。

第四节　现代国家的黄昏

在《法哲学原理》中，黑格尔说明了现代国家的结构是一个"天生理性的实体"；但如果哲学能够这么清楚地观察到这个结构，那么现代国家似乎就是"一种生命的形式"，它已经"变老"了，并且"不能够恢复年轻"（PR 23）。这是黑格尔推测解释学中很重要的一个方面：描述一个事物的合理性可能有时候会将这个事物从仅仅基于偶然特征的外在批判中解救出来，但同时也显示了这个事物的合理性是不稳定、不完整或者注定分崩离析的。黑格尔似乎是在说现代国家正处于它的黄昏，将会很快被取代，但如果真是这样，那么那些关于现代国家的无法解决的紧张关系或者矛盾究竟是什么？

黑格尔认为资本主义自由市场是现代国家的一个必要特征，但也带来了一系列的问题。他认为我们需要自由市场，因为它为个体制度化了一种很重要的自由，也就是自由进入了私人合约和交换关系中，货物、财产和服务在这里都是纯粹认识可代替的媒介。但同时，黑格尔也知道资本主义带来太多的问题，其中包括贫穷、定期的市场失灵、

第六章 历史哲学：理性统治世界

垄断、帝国主义以及权力集中于少数富裕阶级手中。黑格尔认为，这些问题中有很多都是偶然性引起的，所有对于展示国家是"天生理性的"其实并没有产生必要的困难。比如说，我们可以在人口中对于技巧和天赋有一个偶然的分配，结果往往是会在竞争的市场经济中产生生命的不平等现象（PR§ 200）。我们也可以假设生产者和消费者的利益将永远不能完美匹配，即使市场有自我调节的机制，然而总是会出现一方的利益没被实现（PR§ 236）。

但是自由市场的一些问题似乎不仅仅是偶然问题，对于现代国家是理性、稳定以及能够满足我们为它制定的标准的主张提出了挑战。比如说，黑格尔认为资本主义需要不断地增长，使得生产过剩，通过帝国主义去探索新的市场；他甚至将这些趋势描述为"社会的内在辩证"（PR§§ 245—248）。黑格尔也知道一个自由的市场经济分配财富往往是不平等的，这就导致一个等级的人民深受过分专门化的劳动力的束缚，十分贫困，而另外一个等级的人民却有过多的财富和权力（PR§§ 243—245）。黑格尔认为贫困最主要的问题是使得人们脱离了"道德生活"，因此他们的人和公民的地位就被否决掉了；贫困干涉了自由的机制结构，让人们无法获得教育、医疗服务以及法律中的平等对待（PR§ 241）。随着贫困变得越来越普遍和根深蒂固，它为"暴民心理"提供了发展的理由：贫困的个体失去了"感受权利、完整和荣誉，而这些都来自于支持自己的活动和工作"（PR§ 244）。黑格尔认为财富也会发展"暴民心理"：从他们开始认为可以买到任何他们想要的人或者东西的时候,他们就将自己与"道德生活"的联系切断了(PR§ 246ft)。黑格尔认为资本主义自由市场往往会产生贫困和财富这两个极端,以及"常见的物理和道德腐败"(PR§ 185)。

自由市场带来的一些问题能通过国家介入和管制,或者公民社会中一定的机制得到解决。比如说,黑格尔猜想政府机构能在一定程度上调节市场,同时也能帮助那些因为市场变幻莫测而受到伤害的人(PR§ 236)。黑格尔称这样的机构为"警察"(Polizei),它将会控制被认为是必需品的商品价格;比如某一年的作物收成不好,"警察"会通过临时的价格修改政策来确保这些必需品的价格是负担得起的。那些特定贸易和工作中的"公社"也会提供帮助,因为这些公社照管它们成员的财富,尤其是工作和贸易的状态,同时也起到"第二家庭"的作用。

黑格尔在《法哲学原理》中处理贫困和其他市场失灵的方法是将这些仅仅归结为偶然问题,并实施充分的改进措施,但当他继续研究这些改进措施的各种选择的时候,他似乎确定了这些是系统性的问题,无法轻易地得到解决。黑格尔认为慈善可以作为一部分的解决方法,但他承认并没有真正持久的解决方法。最终,他似乎放弃寻找解决方法,并认为"尤其是如何解决贫困这个问题特别能煽动群众,折磨现代国家"(PR§ 244)。但这也产生了一个问题,因为在黑格尔的观点中,负担被转移到了国家身上,将共同利益放置在了市场利益之上,当贫困激增的时候,国家有权干涉公民社会(PR§ 236A;185A);

第六章 历史哲学：理性统治世界

但是黑格尔认为国家越干涉，公民社会就越不能被视为个体和"公社"的自由领域。黑格尔需要公民社会提供个人自由；个体将自己融合到整个"需求体系"中去的社会化，以及在一个正义的公共体系中对个人权利进行法律认可。他也需要教化在"公社"的情境中制度化，以至于国民都能得到教育，能识别"道德生活"以及发展成为真正的准备好参与到国家的集体反思中去的国民。

《法哲学原理》中对于国家的解释包含了公民社会和国家之间一个不稳定的平衡。黑格尔展示了一系列关于自由市场的系统趋向，威胁到了"道德生活"的平衡。这个困难的妥协可能就是现代国家的本质，找不到更令人满意的解决方法了；但让黑格尔接受它的可能性几乎没有。研究黑格尔的一些学者认为，黑格尔关于"公社"的概念具有丰富的含义，如果一直遵循的话，会出现一种超过黑格尔想象的并且不同的政治安排。实际上，在黑格尔去世后，他的学生兼同僚——爱德华·甘斯（Edward Gans）（将补充编纂进了《法哲学原理》中）也接受了公民社会将会产生不平等和贫困，并试图去扩展权利范围，比如起作用的"公社"更像是当代的贸易联盟，通过确立工团主义等来解决公民社会的问题，而这里的联盟实际上是比国家更加强大。

这是对于《法哲学原理》一种有趣的解释，因为它很严肃地对待序言里那些重要的含义，在这些含义中黑格尔评论了哲学的角色以及一种"生命的形式变老"的标志。但是这种解释也试图对于黑格尔的寻找"真正的理性"的推测解释学保持真实："公社"已经以某种或者其他的形式存在了，可能还包含一个能真正解决现代资本主义国家的紧张关系和矛盾的方法的胚芽。黑格尔似乎打开了一种可能，因为工会将是"公社"最好的例子：工会是由一个特定的贸易定义的，而且理想上与共同利益的政治有一个明确的联系。当然工会并不是唯一可行的例子；非营利组织、政治行动委员会等都是可能竞选成为志愿社团来满足黑格尔设定的标准（PR 270R, 288）。在任何情况下，最重要的是公社不再被允许做出反对普通公共福利的事情来，虽然黑格尔承认限制政府介入能确保这些，但这个限制的程度是可以商量并且要处于持续解释中（PR§ 234）。

黑格尔可能会拒绝把商业公司当作一个公社。在《法哲学原理》和《精神现象学》中，黑格尔都在猜测财富和利益将可能会削弱关于公共利益的概念。商业公司，在当代的解释中并不是一个旨在综合本身活动和公共利益的组织；设计它是为了发展它自己股东的利益，它不会依照黑格尔认为必须要起作用的普遍考虑去行动。黑格尔确定商业公司对社会有益，也扮演了一个很重要的经济角色，但他并不保证这就是"公社"（PR§ 254）。如果将商业公司从公社的协商中排除，那么整个政治安排将成为多样的工团主义；这可能就是国家衰弱的过程，它与公民社会的枯萎一样都是可以接受的：在《法哲学原理》中，"道德生活"在公民社会和国家之间必须要有一种实用的和谐。

在任何情况下，作为资本自由市场中"内在辩证"的一个结果，公民社会和国家之间的这种不稳定性标志着《法哲学原理》中的一

第六章 历史哲学：理性统治世界

种基本的模糊性。留给我们的都是开放式的问题，比如如何评价现代国家中那些必然和偶然特征，我们的现代国家是不是跟黑格尔描述的现代国家一样，或者我们是否已经经历了一些代替，使得我们跟它分道扬镳。我们可能还想要知道是否面临一些新的并且是黑格尔没有设想到的偶然性，可能会破坏现代社会的所得，干涉自由在历史上的道路。这类偶然性的一个案例就是当代的环境危机，包括全球变暖、广泛的空气和水污染、人口过剩以及对自然资源和化石燃料不可持续的过度使用，等等。很多环保主义者认为环境的可持续性跟现代国家是不相兼容的，并且为了可持续性所采用的改革必然会大幅度地改变国家的本质；用黑格尔的话来说，也就是环境危机会强行使我们所熟悉的现代国家被替代掉。而黑格尔的历史哲学中没有任何东西能让我们打消这种可能性，同时他的政治哲学中也没有解决这个问题。但当我们假设当代的西方自由民主的国家是最能解释黑格尔思想中自由的模式时，那么我们不用去担心会存在毁灭性的偶然性，不过为了全面实现自由，我们还是有很多事情要去完成。

绝对精神：艺术、宗教和哲学

第七章

> 不用体系去进行哲学思考绝不可能是科学的……一个内容只有在作为整体的一个阶段的时候才会有合理的理由,若脱离整体就只是一个没有根据的倾向或者一个主观的确定性。很多哲学作品都像这样去限制自己——仅仅描述倾向和观点。通过"体系"去理解一种哲学,但该哲学的原则被限制并且保持跟其他原则不同,这是错误的;相反,真正的哲学原则包含了所有特殊的原则。(ENCI§ 14)

之前的每一章的开始都会研究一个例子或者情境,可以起到一开始就理解黑格尔哲学中某些部分的作用:狐狸、刺猬和哲学家的基本倾向(第一章);被当成现代莫名的不适的异化以及科技的提升(第二章);陀思妥耶夫斯基关于一个带有自取灭亡的自由概念的人的小说(第三章);趋同演化和自然的深层结构(第四章);欧涅·格尔曼对于爵士乐更高级的反思(第五章),以及历史上地理对于新几内亚发展的影响(第六章)。但是,是否存在某些东西能将所有这些迥

第七章 绝对精神：艺术、宗教和哲学

然不同的案例联系起来，这些案例是否存在相同的部分？如果个体识别出"现实的"狐狸，那么这些案例就是随机的集合体，任何试图将它们聚合在一起的努力都是徒劳的。但即使是同情这个"空想的"刺猬，个体也会努力去找出这些不同的案例如何才能汇聚在一起，如何才能被看成一个统一体。

为了应对这类问题，黑格尔将会扭转局势。因为这个世界是并且一直是一个复杂的结构化整体以及一个有机的统一体，真正的挑战并不是怎样找出或者制造出一个统一体，而是如何恢复以及重构这个已经黯然失色的统一体。他认为大部分的哲学历史都是不断地去拆分和细分这个整体，而且这有效地移植了我们思考的习惯，弱化了我们观察整体和各部分的能力；但是"系统化的"哲学让我们在自己的思想中寻找能匹配整体的复杂性和动态性。黑格尔的论点是很直接的：如果这个世界是一个结构化的动态整体，拥有一套基本的组织原则，我们就是这个整体的一部分，开始发展我们的思想，而且这类思想会逐渐明白引发它出现的整个体系，然后就不会存在原则上的理由来说明为什么我们不将自己的思想发展到能完美覆盖实际的整体结构的复杂水平。我们还可以期待思想的结构和现实的结构将会集合。实际上，黑格尔的观点是真的就有这样一个哲学体系，作为"所有圈子的圈子"包括所有其他科学；这个隐喻表明哲学上没有特定开始的点，个体不管在什么位置都能直接跳进这个"体系"（ENCI§§ 15—17）。

黑格尔也认为哲学应该是一种"科学",但这里的翻译是对德语词汇 Wissenschaft(科学)的错误理解,因为当我们想到"科学"的时候,我们往往会想象到自然科学,也就是包括物理、化学和生物的"硬科学";倘若我们脑海中有这样一个狭隘的"科学"概念,我们就会误解黑格尔在谈论的东西。Wissenschaft 其实有一个更宽广的意思,指任何有组织和连贯的知识主体;当我们考虑到这个单词的变体 Naturwissenschaft(自然科学)和 Geistewissenschaft(人文科学)的时候,这个普遍性就会变得很明显。

所以,前面这些章节所提及的看起来似乎很不同的案例实际上都是一个整体的一部分;但假如我们仅仅是指出这点,我们就辜负了"系统的"和"科学的"哲学的抱负。黑格尔会对这些案例中结构化的联系以及共享的组织原则感兴趣,这将会让他深入到心理学、精神病学、艺术、进化生物学、政治科学、历史、人类学、地理学和哲学领域中去。黑格尔认为这类反思将在这个水平上继续,因为这种反思将持续地从偶然性、特殊性和特质中脱离,将会让我们能清楚地思考我们最普遍的价值、利益和抱负。黑格尔称这类反思为"绝对精神",认为它基本的形式是艺术、宗教和哲学。

黑格尔对于"绝对精神"唯一出版的评论就是《哲学科学百科全书》中很简短的一部分;但是 19 世纪 20 年代黑格尔关于艺术、宗教、历史和哲学的讲座却吸引了大量的听众,黑格尔并没有在他有生之年出版这些讲座,不过在他死后,经过他学生以及支持者的努力,《美学:

第七章　绝对精神：艺术、宗教和哲学

美学讲演录》和《哲学史讲演录》得到了出版。这一章主要涉及"绝对精神"的各种形式:(1)对于"绝对"反思的一些评价;(2)艺术;(3)宗教;(4)哲学。

第一节　绝对基础价值

在《哲学科学百科全书》第三部分——《心智哲学》中,黑格尔认为"绝对精神"是对于"精神"反思的最高形式,使用的方式有艺术、宗教和哲学。这些"绝对精神"的形式共享一个客体,也就是现实的基本框架,被认为是动态、有机的整体("真理"或者"绝对");但是每一个形式都是以不同方法去理解结构的,所以也代表了不同形式的理解:艺术通过具有美感的物体向我们显示的是现实最终的结构;宗教象征性和隐喻性地代表同样的东西;哲学以纯粹概念的方式重构了现实的基本结构（ENCIII§§ 553—577）。黑格尔认为就是通过这些"绝对精神"的形式,"精神"最终会了解自己。

一开始就考虑"绝对精神"如何跟其他形式的"绝对"联系在一起,以及它是如何在所有相关的领域代替"主观"和"客观"将会很有帮助。倘若"绝对精神"指定了那些关于我们基本的价值和利益的反思的一般模式,那么"绝对合理性"就是指反思的基本结构,而

从黑格尔出发
Starting with Hegel

且在个体能够识别受到这个结构调解的自身行动和目的的时候,"绝对自由"得到了体验。这个讨论中的结构,即"绝对精神"所反映的结构,比任何特殊群体、机构或者国家的标准结构都要宽广和普遍,不管结果变成什么,最终都是现实最基本的结构。

黑格尔对于在其后期作品中出现的"绝对精神"概念与《精神现象学》中出现的"绝对知识"看法之间的关系阐述得并不是特别清晰;但这至少是合理的,因为"绝对知识"是在黑格尔开始尝试布局自己的"体系"的时候出现的,只是简单的解释,然后在他后期更成熟的体系中变成"精神"的"绝对"形式——合理性和自由。在《精神现象学》中,"绝对知识"是自我反思式的牺牲和投降的实践,是一种符合整个内在驱动代替顺序的生活方式,而这个代替组成了早期工作的叙述。"绝对认知"是"为了找到自我而失去自我"的一种策略:个体在眼前的事件中努力失去自己,就是为了克服这种依附的不安全,将个体朝客体或者自我推去,以及理解主体与客体之间区别的完全分解(PHG§§ 3, 29, 50, 53, 804—805)。

这种反思的类型是"绝对精神"的特征,一开始仅仅是理论的,或者至少是与任何实践或者政治考虑分开的;这是部分正确的,但是相关的"绝对合理性"和"绝对自由"看法将艺术、宗教和哲学的共同反思带进了人类事件中去。比如说,黑格尔认为当个体在主观、客观和"绝对"层面上根据理性去行动,他或她在最大程度上是自由的,而在这些层面上,主观合理性指的是从个人角度出发根据能理解

第七章 绝对精神：艺术、宗教和哲学

的理性关于制定和行动的实践，客观合理性是指由受规则支配的机制、文化和国家结构组织起来的实践。"绝对"合理性要求个体得仔细审查主观和客观合理性的领域，然后决定它们那些受规则支配的结构是否连贯、稳定和持久，它们是否要根据人性的那些基本价值和利益去修改。

值得强调的是"绝对精神"的实践是社会实践；这种反思的类型都是艺术、宗教和哲学的特点，而且一个人是不能完全开展这种反思的。哪些东西可以当作好的理由、问题或者解释，最大程度是由社会实践的标准所决定的。这里有一种黑格尔想要接受而不是去否认的循环在工作：公共的自我反思必须要在内部开展。这种高层次的反思必须要在更广阔的意义上解释公共的理性，但并不减少个体在根据主观或者客观合理性行动的时候所号召的合理性。

黑格尔认为"绝对精神"各种形式之间的区别在某种程度上就是概念区分，产生了"从属论题"：是关于他们充分理解整体的能力，是为了符合它为知识而设定的标准；艺术从属于宗教，宗教从属于哲学。艺术试图通过即时的描绘来理解整体，采用的是美感和特殊的形式。这是一种有效地表达整体的方法，但它往往被宗教所战胜，而宗教所采用的概念和普遍性组成了一个间接的显示来表达整体。黑格尔认为哲学通过纯粹的概念来理解整体，将能最好地匹配整体的复杂性。虽然黑格尔没有观察到"绝对精神"的形式是有层次的排列的，但我们不应该忘记艺术和宗教仍旧是反思最高形式中我们可以接触

到的形式。黑格尔还要补充的是宗教和艺术中有一些有趣和重要的特征是哲学在概念上无法表达的。在任何情况下，任何形式的"绝对精神"都是自然"有思想的"一部分，依据最基本的价值和利益通过反思可以逐渐了解自身。

另外一种描述"绝对精神"特征的方法，显示了"绝对精神"形式的概念统一和这些形式之间的区别，就是说它的反思试图解开"理解"的工作，而这个工作常常就是将整体分解成部分。艺术、宗教和哲学将复杂、动态和有机的整体看成它们的客体，而且假设这个整体是先于部分的。但是艺术和宗教都不能正确理解部分与整体的关系：艺术能理解整体的即时性，但是它不能转向更加细致的理解；虽然宗教能很显然地察觉到部分，但最终也不能理解整体，所以就转向隐喻的思考和迷信。黑格尔认为只有哲学能恰当地理解部分、整体和部分与整体的关系。如果哲学是"系统的"和"科学的"，那它将不能过度依赖"理解"，这会将它与社会科学中的工作区分出来。

也可以从历史上区分"绝对精神"的形式，因为这些形式都在历史上的不同时期达到了顶峰。黑格尔也会使用概念区分来解释这些形式在历史上出现的踪迹。比如在古希腊，艺术比其他的知识形式都更好地理解了这个动态和有机的整体。另外，宗教在中世纪时期开始兴起，而哲学则是在现代开始兴盛起来的。根据黑格尔其他的作品，我们可以认为这些就是案例，因为"精神"在历史上达到了充分的认识，世界的概念复杂性也同时在增长。现代世界是一个非常复杂和标

第七章 绝对精神：艺术、宗教和哲学

准的安排，只有哲学（包括其他的科学原则）能与之匹配，虽然历史上也曾经出现过这样的时代——艺术和宗教再现了整体的复杂性，但这些时代都已经过去了。

"精神"开始了解自身，其实是一个普遍的过程，反映了自由的发展阶段，而这些阶段就是黑格尔在《法哲学原理》中提及的自我实现。正如现代国家中获得自由的过程包括外化和内化阶段一样，"绝对精神"也经历了同样的运动。艺术特别需要个人意愿的外化，在早期人类文明阶段，艺术的出现使得人们为了自己的目的去挪用世界上那些外在的有美感的人员。在"精神"出现之前，人类就已经沉浸在自然中了，但当艺术变成一种集体自我反思的形式的时候，"精神"就从自然中分离出来了。一旦"精神"站在自然对立面，它对于美感的挪用就变成自身意愿的一种外化。历史上，将世界内化回我们自我的概念中也需要艺术，但宗教和哲学往往能更有效地获取到这种动态性。

最后，黑格尔对于"绝对精神"的研究受到推测解释学的引导：对于每种艺术、宗教和哲学，他都想找到"真实的理性"，并且在特定的历史情境中把它们当成实践去理解。他所用的解释方法也要求他需要理解实践内部的目标和标准；比如说，黑格尔对叫作"艺术现象学"的东西特别感兴趣，他还努力去理解和接受艺术家们的观点。正如黑格尔在《精神现象学》设想的推测解释学一样，他会去探索艺术、宗教和哲学所使用的概念是否适合它们的客体；如果不适合，那么哲学"绝对精神"的形式将以自己特有的方式失败。

第二节 艺术是过去的事物

  艺术可能有很多用途,但黑格尔却对其中一种用途感兴趣,就是使用艺术去表达事物最深层次和最普遍的本质,去获取整体的统一。换句话说,黑格尔对于艺术的兴趣在于它拥有与宗教和哲学一样的客体。他不需要去否认实际上艺术在政治或者个人娱乐活动中有其他的用途,但是因为他的解释在描写和规范上都是准确的,所以他认为大部分的艺术表达形式都并非真正的"艺术"。而且他对于艺术之美的看法是与艺术狭隘的功能相联系的:一件艺术品漂亮到一定程度的时候,能表达这个世界复杂的动态统一(ILA 25—27)。更确切地说,优美的艺术作品在它所在的历史发展阶段表达了"精神"的自由;实际上,"精神"任何时候所享受的自由都是对于艺术的客体——整个动态的统一的一种蒸馏。换句话说,一定程度上"精神"已经开始了解自己,并且在这个世界上感到和自身一起很"自在",而这是那个阶段整体的结构化统一的一个指标。但一件艺术品有效地显示了这个,艺术与"绝对"之间就会有一个会聚;这也是为什么黑格尔认为美感不仅仅是描述这群感受艺术的人们的主观反应和判断的一种方法,更是艺术的客观财产。

第七章　绝对精神：艺术、宗教和哲学

黑格尔感兴趣的艺术种类有建筑、雕塑、绘画、音乐和诗歌（ILA 88—95）。每一个都有自身发展的阶段和完美的时刻，而且每一个都与他三个主要的艺术历史时期有一定的联系："象征时期"，包括在古希腊之前的所有艺术；"经典时期"，大概是以公元前5世纪希腊为中心；"浪漫时期"，从中世纪晚期一直到现今（ILA 82—87）。比如说，建筑在象征时期繁荣兴盛，雕塑在经典时期达到完美境界，而绘画、音乐和诗歌在浪漫时期大放异彩。倘若我们根据从最具美感到最不具美感的连续体出发去想象这些艺术形式，那么我们会有这样一个排列：建筑、雕塑、绘画、音乐和诗歌。建筑是最具美感的，但黑格尔同时也认为它在概念上是最没有趣的；但艺术变得抽象和不那么具有美感的时候，它就需要表达更深层次复杂性的能力。所以在黑格尔的观点中，雕塑比建筑拥有更大的潜力来表达整体，然后绘画比雕塑拥有的潜力更大，因为绘画的平面限制实际上是一种富有表现力的优势。音乐是独特的，因为它的表达受到时间的影响，捕获到了人类思想中那些有时限的节奏；但是诗歌是艺术形式中最能直接表达人类内在性的形式，因为语言是思想的外化。黑格尔认为诗歌是艺术形式中最不具美感的形式，但却最能表达复杂性。

黑格尔对于艺术的分析遵循的是他的哲学历史：一个特殊历史时期的艺术将能表达最深层次的并且在起作用的价值和那个时期"精神的"发展阶段；一系列的历史阶段将是一系列的代替。比如说，埃及的艺术与宗教，波斯和印度的艺术都是"象征"时代的一部分；在

这个时代，艺术家们是处于一个尴尬的位置：虽然他们很想通过自己的艺术表达整体，但是整体本身太不确定以至于并不清楚对于整体有效或者准确地表达究竟看起来会是怎样的。在历史的某些点上，认为整体是"不确定的"听起来可能很反常，因为做以下的假设似乎更合理：这个世界就只是它本身的样子，它的决定性只是检测我们有没有理解它的能力。但是对于黑格尔来说，我们理解这个世界的能力是这个世界本身一个基础的特征：在历史中，整体都是不确定或者确定的，直到到达"精神"已经能够理解世界并且能在里面感到"自在"。这个时期的艺术就是"象征的"，因为它只能指出它试图想表达的是什么；比如说，埃及的艺术使用动物标记来指代整体。但因为在那个时代整体在某种程度上是难以表达的，所以黑格尔会质疑象征性的艺术是否能恰当地被认为是艺术。

另一方面，希腊或者"经典的"艺术就成功很多，因为它恰好碰到一个因为精神的进步而更加确定的整体的偶然会聚，再加上希腊文化中美学中心论是基本的价值。雕塑便是一种把形式与内容完美组合的艺术媒介：它所指的东西也不需要超越自身，因为它那美感的形式完全消化了它的意思。希腊的宗教庆祝人性是身体和思想的和谐，他们关于和谐的思想和思想与整体的联系显露无遗。经典的艺术表达了那个时代人性最深层次的关注和价值的全部结构，帮助人们理解整体并且能在里面感到"自在"。

在黑格尔的观点中，经典艺术比历史上的其他艺术形式更加有

第七章 绝对精神：艺术、宗教和哲学

效,代表"精神"第一个真正意义上的外化。但是希腊社会在不断变化,随后就产生了无法通过现有的概念资源解决的裂痕。虽然希腊的戏剧和诗歌与雕塑比起来不具美感,但却更能表达整体的复杂性,更能捕捉到紧张关系和矛盾。黑格尔认为希腊戏剧中最能扮演好"绝对精神"中集体自我反思角色的例子就是索福克勒斯的戏剧《安提戈涅》。在《精神现象学》中,为了解释从希腊社会到罗马社会的过渡,黑格尔首次分析了《安提戈涅》；在之后的作品中他也数次提及这部戏剧（PHG§§ 464—483; PR§ 144, 166）。这部戏剧一开始,安提戈涅的两个哥哥,厄特克勒斯和波吕尼克斯都死了。他们本应该要共同管理底比斯城,但波吕尼克斯却违背了这个条约,先离开这座城市,然后带着一群支持他的军队回来攻打这座城市；在战争的尾声,两兄弟都死在了战场上。他们的叔叔,克里昂掌握了这座城市的大权,并且将厄特克勒斯当成英雄风光大葬,并认为波吕尼克斯是一个叛徒,把他的身体扔在了战场上,认为这样是他最合适的归宿。安提戈涅觉得自己有义务埋葬她的兄弟波吕尼克斯,但是克里昂并不允许她这么做;不过安提戈涅还是去埋葬了她的兄弟,克里昂大怒,下令要将她活埋。海蒙,克里昂的儿子,同时也是安提戈涅的未婚夫,试图说服父亲放了他的未婚妻,但是并没有成功。在听取了预言家蒂里希阿斯和合唱团的建议后,克里昂最后改变了主意;但为时已晚,安提戈涅和海蒙早已自杀身亡。

黑格尔认为,《安提戈涅》反映了希腊社会中"家法"和"国法"

之间的一个基本裂痕。争端的起源是安提戈涅被推到一个两难境地，在她做出决定之后，矛盾就变成她与克里昂之间的矛盾了。他们都不得不去做他们要做的事情，以及对于那些为了证明自己的行为是正确的而得出的标准都很独断；但黑格尔认为有趣的是他们两个都没有错，因为希腊社会包含两个同样有效但是不相兼容的标准构思：一个表达的是基于家庭的更加传统的规范性；另一个表达的是法律和国家的规范性。矛盾最初是在克里昂的"普遍"法律要求和安提戈涅对于她兄弟的"特殊"主张之间出现的，但是他们两个论点的语言都是颠倒的：安提戈涅用到了"神授法""死者应该入土为安"是一个基本的道德主张，但是克里昂在跟他儿子海蒙的争论中呼吁家庭的忠诚。黑格尔对于将兄妹关系作为纯粹认识的示范性关系也非常感兴趣，因为这很明显就是关于"同一在差异中"的例子：安提戈涅与波吕尼克斯是亲兄妹，所以他们之间存在同一性，但是他们又在很多方式上是截然不同的。安提戈涅必须要埋葬她的兄弟，这是纯粹认识下的一种行为；不去这么做将会削弱她作为人和全面自发的道德主体的地位。索福克勒斯的戏剧有效地表达了历史中那个时代确定的整体，包含了一个不能调和的矛盾。在某种程度上，他的听众就会顺着这个去反思安提戈涅与克里昂两个不同的主张所处的标准地位，以及去思考希腊是否缺少一套连贯的能产生解决方法的价值观，所以《安提戈涅》就是艺术作为"绝对精神"一个很合适的例子。

黑格尔认为古代世界缺少强有力的主观性和内在性，也就是说，

第七章 绝对精神：艺术、宗教和哲学

古代的人民并没有可用的概念资源让自己在这些条件下去思考自我。我们现代人却把主观性当成理所应当，但实际上，主观性也是逐渐从历史上古罗马社会的法律框架、中世纪异教徒所制造的浪漫之爱、基督教、宗教改革以及早期哲学关于现代性的潮流中生成的。黑格尔认为，经典艺术不能表达出集中于内在性是现代主观性概念的特征，也使得古代希腊人无法理解这些艺术。但是浪漫艺术，是跟这个现代主观性概念一同出现的，试图表达主观性的特征——内在性。黑格尔觉得浪漫艺术的早期阶段基本上都是关于基督教的艺术，描述神圣之爱、信仰和精神内在性；这通常被描述成信仰与精神的领域——个体的内在生活和遭受与肉体的领域——现实世界之间的一种调和。黑格尔认为，在历史发展方面，基督教要承担的任务是发展支持那些关于"内在"生活的想法的概念资源，至少一开始宗教艺术是能代表这个的。

随着现代主观性概念的不断发展，艺术上对于它的表述快速地呈现出一种现世的形式，因为不存在原则性很强的理由可以来说明为什么个人的内在生活需要与宗教有联系。黑格尔认为，现世艺术的第一个阶段中描述的内在性所代表的是骑士身上特有的爱、荣耀和忠诚的美德。大约在20世纪，欧洲的诗人和作家开始探索藏在人类关系后面的内在心理，并强调对于个体自由的选择是藏在个体对其他人的承诺的后面。比如说，在玛丽·德·法兰西（意为法兰西的玛丽）的《蓝瓦爵士》或者安德里亚斯·卡佩拉纳斯的《典雅之

爱的艺术》中,那些遵守守则的骑士都是独立的主体,不受所有外部权威的掌控,但会选择把他的一生都奉献给他爱的那个人。他们对爱的经历是一种内在的折磨、渴望和入迷,而且很重要的是这种关系其实是婚外情:他们的体验代表了对于爱的一种全新概念,它很浪漫、很热诚,同时还可以自由选择,与那时基督教所确立的对于爱和婚姻的理解是对立的。这个时期的艺术展现了新的个体观念,其中乔万尼·薄伽丘的《十日谈》就完全表达了这个概念(HAI 564—565, 569; HAII 1106, 1167—1178)。

浪漫艺术最后也是完全世俗化的阶段将主观性推到了极限,同时体现了现代个体自由的概念。这个时期的文学角色不受道德或者政治理性的约束,十分有趣的主要原因是他们复杂的内心生活,充满了想象与热情;同时,他们对这个日渐复杂和四分五裂的世界的反应也使得他们变得很有趣。黑格尔认为可以在威廉·莎士比亚的戏剧中找到这些具有示范性的角色。但值得商榷的是浪漫艺术的最后一个阶段是否仍旧试图表达人性最深沉的价值和利益;这些艺术作品当然在表达自由的概念,但是它们最终在这个尝试中耗尽了自身的概念资源,然后只能以幽默、反语与智慧等形式来表达个人习性以及日常生活的偶然性。

黑格尔认为,我们可以越来越清晰地看到只有哲学能将我们的理解推动到更远的地方,这也是为什么他在《美学讲演录》的介绍一章中主张艺术对于我们来说已经变成"过去的事情",它再也提供不了

第七章　绝对精神：艺术、宗教和哲学

曾经满足我们最高需求的那些作用（HA 11）。当然，将它理解为"艺术的死亡"根本就是一种挑衅的主张，实际上这只是一个温和的主张，认为在现代世界里，艺术表达不出我们最高的价值。但黑格尔仍旧认为艺术是"绝对精神"的一种模式，它那具有美感的表达模式跟宗教和哲学是完全不同的；而且他还坚持艺术是现代文化中很重要的一部分。现代艺术可能还有一个很重要的功能，就是向我们展示了很多层面的破碎和分散，而这些就是现代多样又多元的国家的典型特征；即使现代艺术家们是疏远的，他们只能展示自己的个人习性，但是他们的作品仍旧能够帮助我们理解我们这个世界的一些关键的特征。但不仅仅是因为我们不断发展的对于自由的理解，或者现代国家的碎片化使得艺术无法用最好的方法表达我们基本的价值；基督教也要为"艺术的死亡"负上一定的责任，因为它一直在打压艺术、美感和所有现世（与出世相反）的东西。根据基督信徒所拥有的世界观，那些关于人类存在最重要的东西不能以具有美感的形式表达，所以只要这个现代世界是基督信徒的世界，那么我们就应该反对艺术。

　　但倘若我们回想起黑格尔对于历史"终点"的看法，我们就能退出，正如他并不觉得经验主义的历史走到了尽头，他也不会认为艺术家们将会停止艺术创作或者艺术将从文化中消失。而且我们还要考虑到的是，在黑格尔的思想中，我们所讨论的历史"终点"或者艺术的"终点"不可以包括对未来的预测；哲学只能回头看，然后重构一个关于我们是如何到达这个地步的解释。在哲学叙述中，我们也许不能猜测到下一步怎么走,但这并不是说主张就不会有下一步是正确合理的。未来我们回顾现代文化的时候,会发现类似于索福克勒斯的《安提戈涅》的东西,也就是会显示我们这个世界存在一个基本且无法解决的裂缝的一个艺术作品,这至少是合理的。如果结果是因为我们的宗教和哲学思想让我们视而不见,因此没有准确地注意到这个裂缝的话,那么艺术就会再次成为"绝对精神"的最高形式。

第三节 宗教是为了所有人

在黑格尔早期的作品中,他严厉地评判基督教,认为它的权威主义使得人们无法接受理性和获得自由。他还认为基督教集中于来世与其他的迷信,再加上它一般倾向于超脱世俗,所以以将会进一步地让已经疏远的人们去掉政治化。黑格尔早期作品的其中一部——《基督教精神》,似乎改变了方向去探索对于基督教比较积极的看法,但与其说是他思想上的一个转变,不如说更像是他的推测解释学的一个早期实验;当他在这个情境中接受这个观点的内在部分,他最终预测出一个将会出现在《精神现象学》中的观点("不开心意识"),也就是信仰基督教中的上帝其实是开始了一个幼稚化的过程,其结果就是否定个性化。

第七章 绝对精神：艺术、宗教和哲学

19世纪20年代，当黑格尔在柏林讲授宗教课程的时候，他强调的是宗教帮助人们调和生活中的矛盾，感受与社区的联系，克服个人主义和自我主义以及接受一个比普通平凡的生活更加宽广的参考框架。黑格尔也回归到我们在考虑宗教的时候，必须试图接受一个内在观点，以至于我们可以欣赏"真正的合理"。他的《宗教哲学讲演录》就是一个对于世界上各种宗教十分详细并且全面的研究，包括他对于宗教历史面貌的解释，以及他用来区分它们对于世界的基本观点的概念体系。

黑格尔对于宗教的历史和概念发展的解释的开端是思考这些宗教似乎将精神和自然结合在一起，有时候他也称之为"自然宗教"或者"即时的宗教"；黑格尔认为这个宗教最具代表性的例子就是道教、佛教、印度教以及非洲的一些宗教，它们都有一个共同的目标，就是存在于与这个精神化的自然的关系中。黑格尔也讲到了涉及我们从自然中分离的"主观"宗教，包括波斯、埃及和希腊的宗教以及犹太教。黑格尔所采用的分类是很广泛的，但有时候他也会确定一些独特的特征；比如说，希腊宗教接受"美学"，而犹太教中的那个崇高的"上帝"是没有实体形式的。黑格尔认为罗马的宗教推崇人类的利益超过了推崇其他任何外在、抽象或者出世的上帝的利益，因此也就变成了"权宜之计的宗教"，自然其实是占主导地位的。最后黑格尔认为基督教是"完美的宗教"，因为它是第一个也是唯一一个宗教认为人类意识跟上帝并不对立。

从黑格尔出发
Starting with Hegel

然而他的分类可能在这种情况下看起来很随意、不完整或者不准确，但是黑格尔对于世界宗教的观点最主要是关于"主观"与"客观"之间的基本区别。倘若我们假设一个宗教社区是"主体"，这个社区对于"神"的概念是"客体"，那么我们就可以理解分类学。"自然宗教"认为"神"就是自然，人们的计划就是找到即时性与"神"的关系；换句话说，人们就是将"主体"分解到"客体"中去。而罗马的宗教却只注重人类的利益，所以就很努力并且有效地将"客体"分解到"主体"中去。"自然宗教"和罗马宗教根据这个解释是两个片面的极端，而其他的宗教也是走向其他极端的其中一个。引用黑格尔对于宗教的分析就是为了说明为什么他会觉得基督教是"完美的"宗教：它似乎是唯一一个消除了"主体"与"客体"之间的区别的宗教。实际上，这也解释了为什么黑格尔对基督教中化身（耶稣就是上帝的化身）和三位一体（父、子与圣灵）的想法那么感兴趣：他认为它们就是主客体统一的例证。

虽然黑格尔认为基督教是"完美的宗教"，但他仍旧拒绝迷信、空洞的礼仪和直译主义；而且他所谈论的基督教并没有一个超验的上帝。实际上，等到黑格尔完成对于世界宗教历史的概念和历史的重建的时候，他对于基督教的理解就已经发生了改变，以至于他的讲演录就受到了黑格尔一定是一个无神论者或者泛神论者的指控。黑格尔认为上帝是普遍存在于世界和人类活动中的；我们可以了解到"神的心智"就是因为如果上帝是自然和现实的整体，我们是这个整体的一部

第七章 绝对精神：艺术、宗教和哲学

分，并将自然带到了自身的自我意识中，那么我们就是"神的心智"。黑格尔认为如果宗教思想认定了一个超验的上帝，那么这个宗教将永远不能理解对于这个世界的"内在的"看法，以及它对于这个世界"外在的"理解也将永远无法超过象征性的过分简化；这个论点支持了黑格尔在《哲学科学百科全书》中的结论——宗教是从属于哲学的，因为它不能超越隐喻和"图像思维"得到进步。

黑格尔对于基督教的解释是如此的不正统，再加上他的资历和所有的重新解释，他似乎已经基本上将宗教转变成了哲学；但是，如果宗教会变成哲学，那么它就会丢失可以引发热情的情感上的内容。虽然在哲学中概念的明确是一个更高的理解形式，黑格尔在讲演录中认为他仍旧对宗教，尤其是基督教能提供一些哲学不能提供的东西感兴趣：那种充满情绪的体验——为了获取整体，参与到一个狂热的社会自我理解的形式中。这就是黑格尔在他早期的"图宾根散文"和《早期系统方案》中所关心的东西，并且贯穿了他事业的始终；他认为"宗教是为了所有人的，它不像不是为了所有人的哲学"（LPRI 180）。但是也存在一个黑格尔从来没有充分解决的问题，就是他的这个宗教版本是否真的是"为了所有人"；如果他的这个宗教的哲学版本"不是为了所有人"，那么他的"体系"就需要改变，而他恰好没能想出这些改变来。

第四节　哲学的实践

黑格尔认为哲学是"绝对精神"的最高表现形式,因为不像艺术和宗教,哲学拥有最多适合它客体的概念资源,而这是这个世界中整个结构化和动态的统一。艺术和宗教也试图去理解整体,但黑格尔认为只有哲学能统一艺术和宗教的内容,甚至能在一个简单的"精神"构想中提供这个统一;而且当个体找到这个统一的时候,黑格尔补充道,哲学的"绝对"实践就已经在进行中了(ENCIII§§ 572)。要强调的是,"绝对精神"是一种实践,而不是一种拥有;它是一种集体的社会规划,而不是一种单独的追求。同时值得指出的是"绝对"并不是"最后"或者"完成"的意识,而是暗含我们正在对抗我们所能做的极限。真正系统和科学的哲学一直在推动这种极限,希望能重构现实最基本的框架和组织原则,并且期待思想结构和世界结构的最终汇聚。我们还要知道的是黑格尔对于哲学的理解是广阔和非常具有包容性的,而且他还区分了在"理解力"限制之下工作的"普通"科学家与其他勇敢的且具有哲学思维的民众,黑格尔认为这些具有哲学思维的民众应该加入到推动我们可以知道什么是极限的"绝对"实践中去(ENCIII§ 573)。

第七章 绝对精神：艺术、宗教和哲学

当然，黑格尔也认同哲学有它自己的特征，而且这个特征表明了去维护"绝对精神"的一种特殊的形式是值得的。他认为对于哲学历史的研究本身就是一种实践哲学的方法，他的《哲学史讲演录》提供了一个精彩绝伦的回顾，这个回顾讲的就是他在哲学上参与早于他之前的传统。黑格尔使用的是与他当时研究艺术和宗教一样的方式，他要找到一个有机整体，它产生于一个特殊的历史时期，并将文化、政治和哲学聚集在一起；而且他还带着艺术和宗教，试图重构一个必要的从一个哲学世界观到下一个哲学世界观的进程。黑格尔在他讲演录的末尾写道，他的哲学就是哲学最终并且真实的体系，表明他一直在用哲学史，将它作为一种验证自己观点是真理的方法。很容易将这个理解错误，认为这就是一个自大狂的实际演习，但是理解黑格尔真正的意图十分重要。

倘若作为"绝对精神"的哲学是人性对于自身最重要的需求、利益和价值的反思的最高形式的话，它当然就会在其权限范围内接受自身原则的发展历史。不管这些最基本的问题是什么，它们都不是自发地出现的；它们中的每一个都有一段历史，都含有完全理解它们的一部分，而完全理解它们需要我们去发现它们的起源与发展。黑格尔的讲演录实际上就是他哲学体系的"正当理由"，但只有在自我批判和反思的过程中才能理解是历史发展导致他形成这个想法。实际上，每个哲学家都应该钻研他或她的观点的历史，当然每一个哲学家在对比中都会觉得自己的观点是如此的成功。所有的哲学家都会认为哲学史

会在自己的思想中结束；但只有一些拥有人性和历史感的哲学家才会花时间去努力示范这个想法。

根据黑格尔的"绝对精神"概念，最后一个问题自然而然就产生了，就是哲学是否将我们推离这个世界，带入到某种过于智力又独立的寂静主义的沉思状态中。担忧的一个理由就是黑格尔谈过对于整体要有一个"纯粹概念的"理解，会使得个体就会想知道这个理解是如何联系上实践以及尘世事务；而另外一个理由就是黑格尔的思想反复地暗示了我们个人以及特殊的利益和计划跟宏观整体的重要性比起来都不怎么重要。黑格尔告诉我们"绝对精神"代表的一种比任何国家或者政治问题都要基本的反思，反正这些问题在"客观精神"的评估下都会消失。当我们把这个增加到他对《法哲学原理》的序言的评论中的时候，哲学只是回顾性的理解，因此我们就能很轻易地得出哲学需要脱离世界的结论。

但是对于黑格尔来说，"绝对精神"是"主观精神"与"客观精神"的统一，是作为自我认识的自由，最终暗示了通过反思的认同和参与到"道德生活"中去，理论与实践汇聚在一起（ENCIII§§ 481，513；PR§ 22）。这种反思要比"客观精神"的反思更加普遍，但这只是说明它并没有依赖任何外在、随意或者"积极的"东西；而且"绝对"反思渴望能自设基础和自我验证（PR§ 23）。艺术、宗教和哲学都是自我反思的实践，并且全力以赴帮助我们评估最基本的价值和利益，而且能特别有效地将我们的注意力转移到整体上，以及让我们意

第七章 绝对精神：艺术、宗教和哲学

识到所有不同的计划跟每一个计划都是相互联系，都受这个世界的结构化并且动态的统一的调解。我们思考的动机在哲学上都是世俗的；我们的哲学思考能改变这个世界。黑格尔这样写道：

> 宗教、国家、法律以及道德生活的利益引发了理解逻辑的时候需要比理解科学时仅仅采用的形式思维要更加深刻。早期，人们发现思考没有害处，所以很开心地使用自己的脑袋去思考。他们思考上帝、自然和国家，他们确信只有通过思考才能认识真理是什么，而不是通过知觉或者通过一些偶然的观点或者看法。但是，当他们带着这种思考方式努力地前进的时候，结果却发现生活中最高层次的关系却被这种思考所害。思考剥夺了自身权利中积极的东西。政治体制是思想的受害者；宗教被思想攻击；那些坚定的被视为真正完全揭示的宗教观念也受到削弱。很多人都认为旧的信仰被推翻了。比如说，希腊哲学家们反对旧的宗教并且破坏它的代表。而结果是哲学家们因为要推翻宗教和国家，所以都被驱除和杀害了……思想通过这种方法确定了自己在现实世界的有效性并且发挥出了最大的影响。(ENCI§ 19)

参考文献

缩写说明

黑格尔的作品

D《费希特与谢林哲学体系的差异》(*The Difference Between Fichte's and Schelling's System of Philosophy*), H. S. 哈里斯（H. S. Harris）, 沃特·塞夫（Walter Cerf）译, 纽约州奥尔巴尼: 纽约州立大学出版社, 1977。

ENCI《哲学与科学百科全书逻辑》(*The Encyclopaedia Logic*), 杰拉茨（Geraets）, Suchtung, 哈里斯译, 印第安纳州印第安纳波利斯: 哈科特出版公司, 1991。引用包含章节编号: 卷一为 1—244 页。

ENCII《黑格尔的自然哲学》(*Hegel's Philosophy of Nature*), A. V. 米勒（A. V. Miller）译, 牛津: 克拉伦登出版社, 1970。引用包含章节编号: 卷二为 245—376 页。

ENCIII《黑格尔的精神哲学》(*Hegel's Philosophy of Mind. Trans*), A. V. 米勒译, 牛津: 克拉伦登出版社, 1973。引用包含章节编号: 卷三为 377—577 页。

HAI, HAII《美学: 艺术讲演集》(*Aesthetics: Lectures on Fine Art*),

参考文献

格奥尔格·威廉·弗里德里希·黑格尔, T. M. 诺克斯（T. M. Knox）著, T. M. 诺克斯译, 版本: 牛津大学出版社, 注释重印出版, 1998。

ETW《早期神学作品》(*Early Theological Writings*), T. M. 诺克斯译, 宾夕法尼亚州费城: 宾夕法尼亚大学, 1975。

FK《信仰与知识》(*Faith & Knowledge*), 沃特·塞夫, H. S. 哈里斯译, 纽约州奥尔巴尼: 纽约州立大学出版社, 1977。

HPW《黑格尔的政治作品》(*Hegel's Political Writings*), T. M. 诺克斯译, 牛津: 克拉伦登出版社, 1964。

ILA《美学介绍讲演集》(*Introductory Lectures on Aesthetics*), 迈克尔·因伍德（Michael Inwood）编, 伯纳德·伯赞吉特（Bernard Bosanquet）译, 伦敦: 企鹅出版社, 1993。

JSII《黑格尔全集第二卷: 耶纳尔·施里弗顿 1801—1907》(*Werke, Bd. 2: Jenaer Schriften* 1801—1907), 伊娃·摩尔登豪（Eva Moldenhauer）, 卡尔·马克思·米歇尔（Karl Markus Michel）编, 法兰克福 a. M.: 苏尔坎普出版社, 1979。引用使用的是书中的页码; 此处引用的这篇文章也被译作《从记事手稿中来的格言》, 发表在 1979 年第三期《哲学独立杂志》中。

L《爱》(*Love*) 载于《黑格尔读者》(*The Hegel Reader*) 中, 斯蒂芬·霍尔盖特（Stephen Houlgate）编, 马萨诸塞州莫尔登: 布莱克威尔, 1998。

LHP《哲学历史讲演集卷一》(*Lectures on the History of Philosophy, Vol. I*), E. S. 霍尔丹（E. S. Haldane）译, 内布拉斯州林肯: 内布拉斯

卡大学出版社，1995。

LNR《自然权利和政治学讲演集：权利的初步哲学，海德堡1817—1818和1818—1819讲演集的补充》，黑格尔档案的工作人员编，J. 迈克尔·斯图尔特（J. Michael Stewart），皮特·C. 霍奇森（Peter C. Hodgson）译，加利福尼亚州伯克利：加利福尼亚大学出版社，1995。引用包含部分章节编号。

LPH《世界历史哲学讲演集：介绍》，H. B. 涅斯贝特（H. B. Nisbet）译，邓肯·福布斯（Duncan Forbes）撰写介绍，剑桥：剑桥大学出版社，1975。

LPRI《宗教哲学讲演集》，R. F. 布朗（R. F. Brown），皮特·C. 霍奇森，J. 迈克尔·斯图尔特，H.S. 哈里斯译，加利福尼亚州伯克利：加利福尼亚大学出版社，1988。

NL《自然法则：对待自然法则的科学方法，自然法则在道德哲学中的地位及其与积极法学的关系》（*Natural Law: The Scientific Ways of Treating Natural Law, Its Place in Moral Philosophy, and Its Relation to the Positive Sciences of Law*），T.M. 诺克斯译，宾夕法尼亚州费城，PA：宾夕法尼亚大学，1975。

PH《历史哲学》（*The Philosophy of History*），查尔斯·黑格尔（Charles Hegel）作序，J. 西布里（J. Sibree）译，纽约：多佛出版公司。

PHG《精神现象学》（*The Phenomenology of Spirit*），A.V. 米勒译，牛津大学出版社，1977。引用部分章节。

PR《法哲学原理要素》（*Elements of the Philosophy of Right*），剑

桥:剑桥大学出版社,1991。

SEL《道德生活体系》(*System of Ethical Life*),H.S.哈里斯,T.M.诺克斯编译,纽约州奥尔巴尼:纽约州立大学出版社,1979。

SL《黑格尔的逻辑学》(*Hegel's Science of Logic*),A.V.米勒译,H.D.李维斯(H. D. Lewis)编,纽约州亚特兰大:人文国际出版公司,1989。

其他引用的作品

DE 亚里士多德,《论灵魂》(*De Anima*),W.S.赫特(W. S. Hett)译,马萨诸塞州剑桥:哈佛大学出版社,1986。

NE 亚里士多德,《尼各马可伦理学》(*Nicomachean Ethics*),特伦斯·欧文译,印第安纳州印第安纳波利斯:哈克特出版有限公司,1985。

HF 以赛亚·柏林,《刺猬和狐狸:关于托尔斯泰历史观的散文》(*The Hedgehog and the Fox: An Essay on Tolstoy's View of History*),纽约:西蒙和舒斯特,1986。

DD 丹尼尔·丹尼特,《达尔文的危险观点:进化和生命的意义》(*Darwin's Dangerous Idea: Evolution and the Meanings of Life*),纽约:西蒙和舒斯特,1986。

PRG 威廉·詹姆斯,《实用主义》(*Pragmatism*),印第安纳州印第安纳波利斯:哈克特出版有限公司,1981。

CJ 伊曼努尔·康德,《判断力批判》(*The Critique of the Power of*

Judgment），剑桥：剑桥大学出版社，2000。引用部分章节。

CPR　伊曼努尔·康德，《实践理性批判》(*Critique of Practical Reason*)，剑桥：剑桥大学出版社，1997。引用的卷册和章节来源于柏林版。

KPR　伊曼努尔·康德，《纯粹理性批判第二版》(*Critique of Pure Reason, 2nd edition*)，诺尔曼·康普·史密斯译。引用前言[P]和部分页码。

KS　伊曼努尔·康德，《康德：选读》(*Kant: Selections*)，李维斯·怀特·贝克译，新泽西州上沙德河：普伦蒂斯霍尔出版社，1988。

GMM　伊曼努尔·康德，《道德形而上学》(*Metaphysics of Morals*)，剑桥哲学历史文本。剑桥：剑桥大学出版社，1996。引用部分章节。

PFM　伊曼努尔·康德，《未来形而上学导论》(*Prolegomena to Any Future Metaphysics*)，李维斯·怀特·贝克译，印第安纳州印第安纳波利斯：鲍勃米尔出版社，即现今的麦克米伦出版公司，1950。德文文本的页码标准版为学院版本，卷4，柏林，1911。

GS　弗里德里希·尼采，《快乐的科学》(*The Gay Science*)，沃特·卡夫曼（Walter Kaufmann）译，纽约：维塔奇书局，1974。引用部分章节。

OSI　卡尔·波普尔，《开放社会及其敌人》(*The Open Society and Its Enemies*)，卷1（最初出版于1945年），新泽西州普林斯顿：普林斯顿大学出版社，1971。

OSII　卡尔·波普尔，《开放社会及其敌人：黑格尔和马克思，第5

版》(*The Open Society and its Enemies: Hegel and Marx, 5th edition*)，伦敦：劳特利奇出版社，2003。

PP 伯特兰·罗素，《哲学问题》(*The Problems of Philosophy*)，威尔德出版公司，2008。

PI 路德维希·维特根斯坦，《哲学调查》(*Philosophical Investigations*)，G. E. M. 安斯库姆（G. E. M. Anscombe）译，纽约：麦克米伦出版公司。引用部分章节。

其他提及的作品

乔万尼·薄伽丘，《十日谈》(*The Decameron*)，经典名著，修订版，2003。

安德烈亚斯·卡普里纳斯，《宫廷爱情的艺术》(*The Art of Courtly Love*)，约翰·杰·派利（John Jay Parry）译，纽约：哥伦比亚大学出版社，2003。

奥涅特·科尔曼，《自由爵士》(*Free Jazz*)，首发日期，1960年10月21日，亚特兰大唱片公司。

查尔斯·达尔文，《物种起源》(*The Origin of Species*)，150周年版，企鹅古典，2003。

贾雷德·戴蒙德，《枪炮、病菌与钢铁：人类社会的命运》(*Guns, Germs, and Steel: The Fates of Human Societies*)，纽约：诺顿出版社，1997。

费奥多尔·陀思妥耶夫斯基，《地下室手记》(*Notes from the*

Underground），俄国文学的重要研究，布里斯托：布里斯托经典出版社，1993。

约翰·沃尔夫冈·歌德，《浮士德：一部悲剧》(Faust: A Tragedy)，诺顿经典版，纽约：诺顿出版社，2000。

约翰·沃尔夫冈·歌德，《威廉·麦斯特的学习时代》(Wilhelm Meister's Apprenticeship)，白鱼镇，MT：基辛格出版社有限责任公司，2007。

戈特霍尔德·莱辛，《智者纳旦》(Nathan the Wise)，Dodo出版社，2009，最早出版于1779年。

玛丽·德·法兰西，《法国人玛丽的小诗》(The Lais of Marie de France)，伦敦：企鹅经典出版社，第二版，1999。

卡尔·马克思，《资本论》(Capital)，莫斯科：前进出版社，1954。

卡尔·马克思 & 弗里德里希·恩格斯，《选集》(Collected Works)，纽约：国际出版社，1975。

弗里德里希·谢林，《对人的审美教育》(On the Aesthetic Education of Man)，雷金纳德·斯奈尔 (Reginald Snell) 译，布里斯托：托马斯出版社，1994。

索福克勒斯，《安提戈涅》(Antigone)，克雷顿，DE：普莱斯特维克出版公司，2005。

延伸阅读

在出版书籍中和网络上都会有大量详尽的关于黑格尔的书目，但对比起来很具有选择性。我对于延伸阅读的建议是基于我多年教授大学生黑格尔课程的经验，同时也反映了自己对于黑格尔哲学的教学方法。我认为对于那些喜欢黑格尔并想要继续研究其哲学的新读者来说，最好的语境将会是处在一个关于19世纪哲学的大学课程中，学生和教授通过几个月的时间，可以基于正在进行的实践讨论文章和著作，可以将他自己的看法放到历史语境中去；当然，大学之外的一个认真严肃的阅读小组也是可以这么做的。而对于在其他情况下，最好是从精选出来的黑格尔作品选集开始。

精选选集

M. J. Inwood 编辑的精选合集，*Hegel: Selections*（New York: Macmillan Publishing Co., 1989）很好，但在我所教授的课程中，我会选择和使用的是 Stephen Houlgate 的 *The Hegel Reader*（Malden, MA: Blackwell Publishing, 1998），有一部分原因就是这本书中有黑格尔早期作品的选集。对于任何研究19世纪哲学的读者来说，有大量的黑格尔选集可以用，比如：Baird 和 Kaufmann 的 *Philosophical Classics, Vol. IV: Nineteenth-Century Philosophy, 3rd Edition*（Upper Saddle River, NJ: Prentice Hall, 1999），最近也有一本非常受欢迎的书籍可以选择，那就是 Kolak 和 Thompson 的 *The Longman Standard History of Nineteenth-Century Philosophy*（Upper Saddle River, NJ: Longman, 2007）。

从黑格尔出发
Starting with Hegel

通用译本

市面上拥有一大批关于黑格尔哲学的综合性译本，它们虽然很长，但值得一读再读，很适合学者、聪慧的普通读者和认真的或者高层次的学生。在这个类别的经典中，最有裨益和有趣的便是 Charles Taylor 的 *Hegel*（Cambridge: Cambridge University Press, 1975），John Findlay 的 *Hegel: A Re-examination*（Oxford: Oxford University Press, 1976）和 Walter Kaufmann 的 *Hegel: A Reinterpretation*（Notre Dame, IN: University of Notre Dame Press, 1988）。最近比较不错的两本译本是 Frederick Beiser 的 *Hegel*（London: Routledge, 2005）和 Stephen Houlgate 的 *An Introduction to Hegel: Freedom, Truth, and History, 2nd Edition*（Malden, MA: Blackwell Publishing, 2005）。这两本译本都尝试着既能让初次阅读黑格尔作品的读者觉得很不错，又能让那些研究黑格尔的专家们读起来有趣且具有挑战性。我认为这两本书的译者都穷极想象与努力，将书的内容引导向那些黑格尔专家们能即刻识别出来的问题上（也许还超过了译者自身所意识到的），但这些内容却让很多本科生困惑不已。

简短介绍

还有很多简短的关于黑格尔的介绍，都与此书有相似的目标，但是侧重于不同的主题；比如说：Peter Singer 的 *Hegel: A Very Short Introduction*（Oxford: Oxford University Press, 2001），Raymond Plant 的 *Hegel*（London: Routledge, 1999）和 Alison Leigh Brown 的 *On Hegel*

（Wadsworth Philosophers Series, 2000），这些书都以不同的方法介绍了黑格尔。因为这些书的内容都太少，不能综合论述黑格尔哲学，所以作者必须采用主题法或其他方法来限制他们要思考的物质。因此，比如说像 Plant 的作品所采用的主题强调将黑格尔与宗教哲学的主要问题联系在一起。稍长些的介绍类书籍是 Michael Allen Fox 的 *The Accessible Hegel*（Atlantic Highlands, NJ: Humanities Press, 2005），它强调的是黑格尔的方法论将他自身很多作品和兴趣特征化并且统一起来了；但我认为，这本书对于那些刚入门的哲学学生来说已经不是能读懂黑格尔的最好的书本了：刚研究哲学的学生将会很难欣赏黑格尔研究哲学的方法，为什么他的方法就是有趣的？因为这些学生没有发展到一定程度的关于哲学应该如何被研究的直觉，也不熟悉在黑格尔之前哲学是如何被研究的（比如说苏格拉底、柏拉图或者笛卡儿等是如何研究的）。

思想史

涉及黑格尔哲学中历史、思想和传记语境的书籍十分有用，因为这些语境将黑格尔的思想与他所处时代的主要问题都联系在一起，并且还能理解他的独特贡献究竟是什么。我认为这类最好的书籍有：Frederick Beiser 的 *The Fate of Reason: German Philosophy from Kant to Fichte*（Cambridge, MA: Harvard University Press, 1987）和 *German Idealism: The Struggle Against Subjectivism,* 1781–1801（Cambridge, MA: Harvard University Press, 1996）；Terry Pinkard 的 *German*

从黑格尔出发

Philosophy 1760–1860: *The Legacy of Idealism*（Cambridge: Cambridge University Press, 2002）; Tom Rockmore 的 *Before & After Hegel: A Historical Introduction to Hegel's Thought*（Berkeley, CA: University of California Press, 1993）; William Schroeder 的 *Continental Philosophy: A Critical Approach*（Malden, MA: Blackwell Publishing, 2005）; Richard Schacht 的 *Hegel and After: Studies in Continental Philosophy between Kant and Sartre*（Pittsburgh, PA: University of Pittsburgh, 1975）; Robert Solomon 的 *Continental Philosophy since 1750*（Oxford: Oxford University Press, 1988）; 还有 Terry Pinkar 的著作, *Hegel: A Biography*（Cambridge: Cambridge University Press, 2000）也值得一读。想要找到更多黑格尔早期作品的读者可以考虑 Laurence Dickey 的 *Hegel: Religion, Economics, and the Politics of Spirit* 1770–1806（Cambridge: Cambridge University Press, 1987）和 Georg Lukács 的 *The Young Hegel: Studies in the Relations between Dialectics and Economics, translated by Rodney Livingstone*（Cambridge: MIT Press, 1976）。

精选合集

对于那些想要阅读黑格尔其他作品的读者来说，首先去阅读来自那些著名的翻译家和评论家关于黑格尔的作品是个特别明智的举动。市面上也有很多精选的期刊论文合集值得阅读，比如: Frederick Beiser 的 *The Cambridge Companion to Hegel*（Cambridge: Cambridge University Press, 1993）; Ardis Collin 的 *Hegel on the Modern*

参考文献

World（Albany, NY: State University of New York Press, 1995）; Jon Stewart 的 *The Hegel Myths and Legends*（Evanston, IL: Northwestern University Press, 1996）; Alasdair MacIntyre 的 *Hegel: A Collection of Critical Essays*（Garden City, NY: Doubleday & Co., Inc., 1972）; L. S. Stepelevich 的 *Selected Essays on G.W.F. Hegel*（Atlantic Highlands, NJ: Humanities Press, 1993）和 Shaun Gallagher 的 *Hegel, History, and Interpretation*（Albany, NY: State University of New York Press, 1997）。想要弄明白黑格尔哲学是如何与分析哲学中典型的问题联系在一起的学生们，可以去阅读 Tom Rockmore 的 *Hegel, Idealism, and Analytic Philosophy*（New Haven, CT: Yale University Press, 2005）。

《精神现象学》

黑格尔的《精神现象学》一直是一本很具影响力的著作，因此我们可以找到有很多精彩的关于它的评论；我真诚地建议学生读者们应该整个班级或者组成小组去阅读《精神现象学》，恰当地使用一个或者两个评论。这些评论中最容易懂的是 Robert Solomon 的 *In the Spirit of Hegel*（Oxford: Oxford University Press, 1983）；其他优秀的评论还有：Terry Pinkard 的 *Hegel's Phenomenology: the Sociality of Reason*（Cambridge: Cambridge University Press, 1994），Michael Forster 的 *Hegel's Idea of a Phenomenology of Spirit*（Chicago, IL: University of Chicago Press, 1998）和 Robert Pippin 的 *Hegel's Idealism: The Satisfactions of Self-Consciousness*（Cambridge: Cambridge University

从黑格尔出发
Starting with Hegel

Press, 1998)。Walter Kaufmann 在他的书 *Hegel: Texts and Commentary* (Notre Dame, IN: University of Notre Dame Press, 1989) 对于《精神现象学》序言的评论也是十分有用。考虑到他在 20 世纪对于黑格尔作品翻译的影响, Alexandre Koéve 的著作, *Introduction to the Reading of Hegel: Lectures of the Phenomenology of Spirit*, James Nichols 译(Ithaca, NY: Cornell University Press, 1969) 也很重要。实际上,与 Koéve 对于黑格尔的解读相关联的书籍还有很多,涉及黑格尔对于"纯粹"或者"相互"认识的解释。虽然它们中的大部分都超越了《精神现象学》的限制,但都是拿《精神现象学》当作检验标准。其中有: Robert Williams 的 *Hegel's Ethics of Recognition*(Berkeley, CA: University of California Press, 1997) 和 *Recognition: Fichte and Hegel on the Other*(New York: State University of New York Press, 1992), John O'Neill 的 *Hegel's Dialectic of Desire and Recognition*(Albany, NY: State University of New York Press, 1996),以及 Paul Redding 的 *Hegel's Hermeneutics*(Ithaca, NY: Cornell University Press, 1996)。

社会和政治哲学

在过去的 30 年中,英语世界对于黑格尔的研究潮流不断上涨,大部分新的作品都与他的社会和政治哲学相关。这个领域涌现出很多优秀的作品,最好的便是 Charles Taylor 的 *Hegel and the Modern State*(Cambridge: Cambridge University Press, 1979),因为这本书记录了与 Taylor 的 *Hegel* 之间的争论,将政治主张与黑格尔哲学中更普遍的观点联系在一起。最近很优秀的作品有：Allen Wood 的 *Hegel's Ethical Thought*（Cambridge: Cambridge University Press, 1990），Michael Hardimon 的 *Hegel's Social Philosophy: the Project of Reconciliation*（Cambridge: Cambridge University Press, 1994），Paul Franco 的 *Hegel's Philosophy of Freedom*（New Haven, CT: Yale University Press, 1999），Frederick Neuhouser 的 *Foundations of Hegel's Social Theory: Actualizing Freedom*（Cambridge, MA: Harvard University Press, 2000）和 Stephen B. Smith 的 *Hegel's Critique of Liberalism: Rights in Context*（Chicago, IL: University of Chicago Press, 1989）。另外还有：Alan Patten 的 *Hegel's Idea of Freedom*（Oxford: Oxford University Press, 1999）和 Terry Pinkard 的 *Democratic Liberalism and Social Union*（Philadelphia, PA: Temple University Press, 1987）。Joseph McCarney 的 *Hegel on History*（London: Routledge, 2002）也非常精彩。两本关于黑格尔对女权主义的书也非常有名：Jeffery Gauthier 的 *Hegel and Feminist Social Theory: Justice, Recognition, and the Feminine*（Albany, NY: State University of New York Press, 1997）和 Patricia Mills 编辑的 *Feminist Interpretations of G.W.F. Hegel*（Pennsylvania, PA: Pennsylvania State University Press, 1996）。

也有一些关于黑格尔社会和政治哲学的期刊论文十分有用，其中一些已经被编纂于合集中：L. S. Stepelevich 编辑的 *Selected Essays on G.W.F. Hegel*（Atlantic Highlands, NJ: Humanities Press, 1993），Pippin 和 Hoeffe 合编的 *Hegel on Ethics and Politics*（Cambridge: Cambridge

University Press, 2004）以及 Cornell, Rosenfeld 与 Carlson 合编的 *Hegel and Legal Theory*（London: Routledge, 1991）。*The Owl of Minerva*（Vol. 18, no. 2）中的一篇论文可以看成此书的扩展观点，它是 Norbert Waszek 的 *Eduard Gans on Poverty: Between Hegel and Saint-Simon'*。我还在很多地方找到了一系列关于黑格尔的论文：Hegel's Idea of Freedom（www.blackwell-compass.com），这家网站拥有的关于所有哲学话题的同行评审文章数据在不断增加；Solidarity and Fear: Hegel and Sartre on the Mediations of Reciprocity, *Philosophy Today*（Vol. 45: 1 – Spring 2001）和 Satisfaction or Supersession? Expression, Rationality, and Irony in Hegel and Rorty, Clio（Vol. 36: 1 – Fall 2006）。

其他主题

关于黑格尔哲学其他领域的书籍还有很多，但正如我之前所提及的一样，关于黑格尔社会和政治哲学的著作已经得到了充分的发展。值得一提的著作有：Terry Pinkard 的 *Hegel's Dialectic: The Explanation of Possibility*（Philadelphia, PA: Temple University Press, 1988），Alison Stone 的 *Petrified Intelligence: Nature in Hegel's Philosophy*（Albany, NY: State University of New York Press, 2005）和 Stephen Houlgate 编辑的 *Hegel and the Philosophy of Nature*（Albany, NY: State University of New York Press, 1998）。

索引

（条目后的页码为本词条出现在原英文版书中的页码）

a priori accounts of nature 90
absolute freedom 105–6, 112–13, 148–9
absolute knowledge 70, 74–8, 83, 148
absolute rationality 113–15, 148–9
abstract right 103–4
absolute spirit 26–7, 94, 112, 145–64
　absolutely fundamental values 147–51
　art 26–7, 147, 149–51, 151–8, 163
　philosophy 26–7, 147, 149–51, 161–4
　religion 26–7, 147, 149–51, 158–61, 163
abstract determinations 64–6
abstraction 109
acculturation 23
acting in accordance with reason 112–17
active subject 11–12
aesthetic education 12–13
African religions 159
agency 95–6
alienation 44–9
America 135
Anaximander 2
Antigone (Sophocles) 154–5
anti-reductionism 21
Archilochus 1

architecture 152
Aristotle 21, 22, 96–7, 117
art 12
　absolute spirit 26–7, 147, 149–51, 151–8, 163
　religion in the form of 73
Asia 135
atomistic individualism 48
Aufhebung 53
　see also supersession
authoritarianism 40–1, 42
autonomous will 108

bad and good 65–6
base consciousness 67–8
beauty, artistic 152
becoming 84–5
being 84–5
'being at home with oneself in one's other' 105–7
Berlin, I. 1
Bildung 23–4, 45–6, 47, 98, 117–22
Bildungsroman 23, 52
Boccaccio, G. 156
bohemian 64, 68
Bourgeoisie 64, 67–8
Brandom, R. 3
brother–sister relationship 155
Buddhism 159
business corporations 143
Butler, J. 3

217

Capellanus, A. 156
capitalism 139–42
categorical imperative 7–8, 104
children 37
chivalry 156
Christianity 10–11, 49, 73–4, 157
   absolute spirit 147, 149–51, 158–61
   Christian art 156
   early writings 39–44
   see also religion
civil religion (people's religion) 10, 11, 41–2
civil society 47, 69, 105
   freedom and 110–12, 118–22, 141–2
classical art 152, 153–5
Coleman, O. 99, 101–2
collective consciousness 72–3
colonialism 124, 125
common good 64, 66–7, 69
common sense 4
community 73
   alienation, the modern state and 44–9
complex irony 56, 57–8
concrete plans of action 64–6
consciousness
   base 67–8
   collective 72–3
   development of 26, 50–78, 86–7
   ignoble 66
   noble 66, 67–8
   section in *Phenomenology of the Spirit* 70–1
   unhappy 43, 49, 71
consummate religion 159, 160
consummation of history 138–9
consumption 60
contingency 80
   in history 126–31
convergent evolution 79–80, 81–2, 92–3
cooperation 118–19
Copernicus, N. 7
Cornell, D. 3

culture
   alienation and the modern state 45–7
   self-alienated 64–9

Darwin, C. 82
De Beauvoir, S. 4
death of God 39–40
democracy 132
Dennett, D. 80, 93
dependence 109–10
Derrida, J. 3
Descartes, R. 2, 8, 95
desire 115
Dewey, J. 3
dialectical moment 88
dialectics 22–3
Diamond, J. 124
dichotomies 28, 44
dictatorship 132
Difference essay 13, 14, 30–1
disengagement from the world 162–3
'divine' law 63
Dostoyevsky, F. 50–1, 52, 54, 62
double effect of sacrifice 65, 66–7
drama 154–5
drives, philosophical 1–3

early writings 25, 28–49
   alienation, community and the modern state 44–9
   love and recognition 36–9
   need for philosophy 31–5
   religion 39–44
Egyptian art 153
empirical history 26, 130–1, 135–8
empirical meditative thinking 87
empirical realism 135–6
Encyclopedia Logic 15, 81, 84–9
Encyclopedia of the Philosophical Sciences 14, 15, 26, 79–98
emergence of spirit 93–8
   necessity in nature 89–93
   reason and the understanding 86–9
   system 82–6
end of history 135–9

enhancement technologies 28–9
Enlightenment 6, 32–3
Entäusserung 46, 69
Entfremdung 46
environmental crisis 144
Erziehung 23
essence 75
essentialism 96–8
ethical life 38–9, 46, 97–8, 110
  self-realization and 102–7
Europe 135
evaluation 101
evolution 82, 92–3
  convergent 79–80, 81–2, 92–3
exchange 111–12
experience 7, 11
external objects 59–60
externalization 106, 109–12, 151

Faith and Knowledge 31, 40, 43–4
family 105
  law of the 154–5
feudal lord's identification with and sacrifice for the state 64, 66–7
Feuerbach, L. 39
Fichte, J.G. 11–12, 13
forced moves 80, 93
Foucault, M. 3
France, M. de 156
Fraser, N. 3
free market 118–19, 139–40
free will 108
freedom 8, 29
  absolute 105–6, 112–13, 148–9
  and civil society 110–12, 118–22, 141–2
  history and consciousness of 126–7
  negative 99–100, 107
  objective 105–6, 109–12
  path of 131–5
  Philosophy of Right 26, 99–122
  positive 107
  pure thought and 89
  romantic art 156–7
  subjective 105–6, 107–9, 111

French Revolution 6, 10, 19, 73, 136
Friedrich Wilhelm III 15

Gadamer, H.-G. 3
Gans, E. 142
general good 64, 66–7, 69
geography 124–5
German Constitution, The 13, 31, 45
God 160
  death of 39–40
  mind of 160
  see also Christianity
Goethe, J.W. von 12, 23
good and bad 65–6
Greek philosophers 2, 164
  see also under individual names
Greek religion 159
Greek society 63, 132, 136, 150
  art 153–5
gunpowder 125

Habermas, J. 3
habit 95, 98, 117
Hegel, G.W.F.
  drew on both philosophical drives 2–3
  early life 6
  Frankfurt 13
  illness and death 15
  Nuremberg 14
  seminary studies 9–10
  University of Berlin 14–15
  University of Heidelberg 14
  University of Jena 13–14
  working as private tutor 10, 13
Heraclitus 2
Hinduism 159
historical events 127–8
historical narrative 127–8
history 5, 26, 76, 123–44
  necessity and contingency in 126–31
  path of freedom 131–5
  progressivism and the end of 135–9
  speculative hermeneutics 18–19

219

history – *Contd.*
    twilight of the modern state 139–44
Hölderlin, F. 10, 13, 32, 36
holism 22
homeostasis 21
homology 80
human enhancement technologies 28–9
'human' law 63
human needs 21–2
Hume, D. 2, 9

idealism 14, 33–4
identification 47, 106, 107–12
ignoble consciousness 66
immediacy 75
    religions of 159–60
impasses 91
imperialism 124, 125
improvisation, jazz 99–102
impure recognition 38, 58–62
individual rights 37–8, 48, 105, 132
individualism, atomic 48
infinity 70–1
inner dialectic of society 140
intention 95–6
internal perspective 17
internal principles 22–3
internal teleology 92–3
internalization 109, 151
inverted world 70
inwardness 155–6
iron 125
irony 55–8

James, W. 1
jazz improvisation 99–102
Judaism 159

Kant, I. 2, 6–9, 11, 33–4, 36, 44
    morality 7–8, 104
    philosophy of history 126–8
    reason 7–8, 108
    religion 40–1
    teleology 91–2
Kauffman, S. 93

knowing subject 7, 11
knowledge, absolute 70, 74–8, 83, 148
Korporationen 119–22, 141–3

labor unions 142–3
'last men' 139
law 112
    'divine' and 'human' 63
    of the family and of the state 154–5
Lectures on the History of Philosophy 26, 162
Lectures on the Philosophy of World History 125
left Hegelians 39
Lessing, G. 9
life 71
life affirmation (love of fate) 20
Life of Jesus, The 10, 31, 40–1, 42
'losing oneself to nature' 96
love 36–8, 156
Lyotard, J.-F. 3

Marcuse, H. 3
market, free 118–19, 139–40
Marx, K. 39, 118
master–slave dialectic 61–2, 71
maturation 54
McDowell, J. 3
mediation 75
meditative thinking 87
metaphysics of structure 81
mind of God 160
modern state 117
    alienation, community and 44–9
    twilight of 139–44
modernity 28–30
moments 88
monarch 64, 66
morality 7–8, 103–4
music 152
    jazz improvisation 99–102
mutual (pure) recognition 38, 58–62, 109–12, 120–1, 155
mysticism 42–3
mythology of reason 46–7

naïve empiricism (sense-certainty) 54–5, 57, 58, 70, 77
Napoleon 6, 10, 14
nationalism 6
natural religion 73
nature 14
 forced moves in 80, 93
 necessity in 89–93
nature religions (religions of immediacy) 159–60
necessity 80
 in history 126–31
 in nature 89–93
needs, human 21–2
negative freedom 99–100, 107
New Guinea 123–4, 135
Nietzsche, F. 39, 139
noble consciousness 66
 degeneration to base consciousness 67–8
non-interference 99–100, 107
norms 100–2, 114–15
Notes from the Underground (Dostoyevsky) 50–1, 52, 54, 62
nothingness 84–5
noumenal–phenomenal split 8, 11

object and subject 159–60
 unity in absolute knowledge 75–7
objective freedom 105–6, 109–12
objective rationality 113–15, 149
objective spirit 13, 94, 97–8
oligarchy 132
ordinary people 4
organic concept of nature 90–1
organic unity 14, 21–4
organicism 21
original history 128

painting 152
passion 129
people's religion 10, 11, 41–2
perception 55, 70
phenomenal–noumenal split 8, 11
Phenomenology of the Spirit 13, 14, 25–6, 50–78, 86–7, 109–10, 148
 condensed version of the narrative 70–8
 pure and impure recognition 58–62
 self-alienated spirit 62–9
 supersession and Hegelian irony 52–8
 and the system 82–6
philosphical drives 1–3
philosophical history 26, 128–30, 135–8
philosophy 30
 absolute spirit 26–7, 147, 149–51, 161–4
 need for 31–5
Philosophy of History 26, 125–6
Philosophy of Mind 81, 82, 94–8, 147–8
Philosophy of Nature 81–2, 89–93
Philosophy of Right 15, 20, 26, 99–122, 126, 133, 138
 acting in accordance with reason 112–17
 Bildung and the *Korporation* 117–22
 identification and externalization 107–12
 self-realization and ethical life 102–7
 twilight of the modern state 139–44
picture-thinking 73, 74
poetry 152–3, 154
police 141
Popper, K. 3
positive freedom 107
Positivity of the Christian Religion, The 10, 31, 40, 41–2
poverty 140–1
power, unequal distribution of 123–5
pricing 141
progressivism 135–9
property rights 37, 103–4, 105
Prussian Reform Movement 15
pure recognition 38, 58–62, 109–12, 120–1, 155
Pythagoras 2

rabble mentality 140–1
racism 124, 125
rationality *see* reason
realism 14, 33–4
reality 76
reason (rationality)
    absolute rationality 113–15, 148–9
    acting in accordance with 112–17
    Kant 7–8, 108
    mythology of 46–7
    objective rationality 113–15, 149
    rational core of Christianity 40–1
    reason rules the world 126–31
    reason section in *Phenomenology of the Spirit* 70, 71–2
    speculative hermeneutics 15–18
    subjective rationality 113–15, 149
    and the understanding 86–9
    and unity 33–5
recognition 38–9
    impure 38, 58–62
    pure 38, 58–62, 109–12, 120–1, 155
reconciliation 19–20, 24
reflection 87
    habit and 117
    philosophy as absolute spirit 162–4
reflective history 128
reflective identification 107–9
reflexive awareness 131
regulation 141
reification 21–2, 86–7
religion 9–11, 136
    absolute spirit 26–7, 147, 149–51, 158–61, 163
    early writings 39–44
    people's religion 10, 11, 41–2
    role in public life 10
    section in *Phenomenology of the Spirit* 70, 73–4
    see also Christianity
renunciation 48, 64–9, 76–7, 120

retrogression 136
retrogressive irony 56–8
revealed religion 73–4
right Hegelians 39
rights
    individual 37–8, 48, 105, 132
    private property 37, 103–4, 105
Roman religion 159–60
Roman society 63–4, 132, 136
romantic art 152, 155–7
romanticism 6, 32–3
Rousseau, J.-J. 9
rules 100–2, 114–15
Russell, B. 3

sacrifice 48, 64–9, 76–7, 120
Sartre, J.-P. 3
Schelling, F.W.J. von 10, 13–14, 32, 36
Schiller, F. 12–13
science, philosophy as 146–7
scientific meditative thinking 87
sculpture 152, 153
secular art 156
self 7–9, 11–12
self-alienated spirit 62–9
self-consciousness 70, 71
self-determination 108
self-development 21–4
self-realization 100–1, 102–7, 150–1
self-sacrifice 48, 64–9, 76–7, 120
sense-certainty (naïve empiricism) 54–5, 57, 58, 70, 77
sensuousness 152–3
Shakespeare, W. 157
simple irony 55–6
sister–brother relationship 155
skepticism 71, 91
slave and master dialectic 61–2, 71
slavery 136
social epistemology 13
social practices 149
Socrates 2, 11, 42, 56, 58
Sophocles 154–5
speculative hermeneutics 15–21, 43, 102, 137–8, 139, 151

索引

speculative history 128
speculative meditative thinking 87
speculative moment 88
spirit 59
  absolute *see* absolute spirit
  emergence of 94–8, 131
  objective 13, 94, 97–8
  section in *Phenomenology of the Spirit* 70, 72–3
  self-alienated 62–9
  subjective 94–7
Spirit of Christianity and its Fate, The 13, 31, 40, 42–3, 158
state 65–6, 121
  ethical life 102, 105, 117
  feudal lord's identification with 64, 66–7
  functions of the state 134
  law of the state 154–5
  modern *see* modern state
  path of freedom 134
steel 125
stoicism 71
strong *a priori* view 90
structural disorientation 69
structure
  freedom and 100–2, 114–15
  metaphysics of 81
subject and object 159–60
  unity in absolute knowledge 75–7
subjective freedom 105–6, 107–9, 111
subjective rationality 113–15, 149
subjective religions 159
subjective spirit 94–7
subjectivity 155–6
subordination thesis 149–50
suffering 20
supersession 52–8, 136–7
surrender 76–7
sustainability 144
symbolic art 152, 153
syndicalism 142

system 14, 26, 79, 80–1
  Phenomenology and 82–6
  philosophy as 145, 146–7

Taoism 159
teleology 91–3
tender-minded disposition 1–3
Terror 19, 136
thought 83–5, 163–4
  understanding and 87–9
time 76
tough-minded disposition 1–3
trade unions 142–3
'Tübingen essay' 10
Tucher, M. von 14

'Underground Man' 50–1, 52, 54, 62
understanding, the 34, 70, 71, 85–6, 150
  reason and 86–9
unequal distribution of wealth and power 123–5
unhappy consciousness 43, 49, 71
unity
  ideal of 31–2
  love and 36–7
  organic 14, 21–4
  reason and 33–5
  romanticism 32–3
  of subject and object in absolute knowledge 75–7
unity-in-difference 30, 48
universality 121–2

vision 22, 93
voluntary associations (*Korporationen*) 119–22, 141–3

weak *a priori* view 90
wealth 64, 65–6, 67–8, 141
  unequal distribution 123–5
Wissenschaft 146
Wittgenstein, L. 54
world-historical individuals 129–30

223

内容简介

黑格尔无疑是整个哲学历史上最重要和最具影响力的思想家之一。《从黑格尔出发》涵盖了黑格尔所有作品中的主要概念,并用通俗易懂的方式对黑格尔这位重要的思想家进行了介绍。

本书主题、结构清晰,带领读者全面地了解黑格尔思想的形成过程。作者克雷格·B.马塔雷斯向我们展示了这些引导黑格尔早期作品的思想在实际中是如何塑造他整个事业的,同时也表明了他哲学思想的根基。本书在涵盖黑格尔所有思想之外,还详细地解读了黑格尔主要的著作,包括《精神现象学》和《法哲学原理》。同时,本书也介绍了对黑格尔思想形成起到重要影响的主要思想家和大事件,包括康德、席勒、费希特和谢林,以及法国大革命、启蒙运动和浪漫主义。对于任何初次想要了解黑格尔作品的读者来说,这都是一本最理想的书籍。

作者简介

克雷格·B.马塔雷斯(Craig B. Matarrese)是美国明尼苏达州立大学的哲学副教授和哲学政经科研项目的主任。

译者简介

陈明瑶,博士,浙江工商大学英语教授,翻译与文化研究所所长。在专业一级刊物和核心期刊上发表学术论文30余篇,出版专著、译著及教材多部。

叶卫挺,口笔译工作者,浙江工商大学翻译专业笔译方向硕士。